Inhalt

Das kann ich schon 2–3

In der Schule   4
Das brauche ich 4
Das Abc 5
Selbstlaute 6
Umlaute und Zwielaute 7
Silben 8
Bist du fit? 9

Im Herbst   10
Erlebnisse im Herbst 10
Herbstwetter 11
Menschen, Tiere, Pflanzen und Dinge 12
Einzahl und Mehrzahl 13
Wir üben richtig schreiben 14
Bist du fit? 15

Miteinander leben   16
Einladungen 16
Feste und Partys 17
Wie etwas ist 18
Adjektive verändern sich 19
Wir üben richtig schreiben 20
Bist du fit? 21

Märchenzeit   22
Märchen erraten 22
Verben 23
Verben verändern sich 24
Wer bin ich? 25
Wir üben richtig schreiben 26
Bist du fit? 27

Im Winter   28
Wortstamm und Endung 28
Aussagesätze 29
Wir üben richtig schreiben 30
Bist du fit? 31

Das tut mir gut   32
Entschuldigungen 32
Fragen und Antworten 33
Satzarten 34
Wir üben richtig schreiben 35
Bist du fit? 36

Ich übe Schreibschrift 37–44

Im Frühling   45
Eine Geschichte schreiben 45
Wörter zusammensetzen 46
Wir üben richtig schreiben 47
Wir üben richtig schreiben 48
Bist du fit? 49

Von Tieren und Menschen   50
Tierrätsel 50
Ein beliebtes Haustier 51
Wortbausteine 52
Wortbausteine verändern die Bedeutung 53
Wir üben richtig schreiben 54
Bist du fit? 55

Unsere Welt   56
Schule in anderen Ländern 56
Wir üben richtig schreiben 57
Wir üben richtig schreiben 58
Sprachen bei uns und anderswo 59
Entschuldigen und bedanken 60
Bist du fit? 61

Mit Medien leben   62
Unsere Schulbibliothek 62
Klein und groß 63
Wir üben richtig schreiben 64
Wir üben richtig schreiben 65
Eine Bücherreise 66
Bist du fit? 67

Unheimliches und Spannendes   68
Gespensternamen 68
Etwas über Gespenster schreiben 69
Wir üben richtig schreiben 70
Wir üben richtig schreiben 71
Wir üben richtig schreiben 72
Bist du fit? 73

Im Sommer   74
Eine Postkarte schreiben 74
Wortfelder 75
Sommerwörter 76
Wir üben richtig schreiben 77
Wir üben richtig schreiben 78
Bist du fit? 79

DAS KANN ICH SCHON

1 Verbinde.

Mimi

Mo

Igel

Hund

Vogel

2 Schreibe.

Mimi

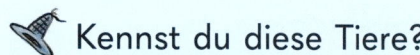 Kennst du diese Tiere?

SF S. 8

3 Bilde Wörter. Schreibe sie auf.

tur nen | le | schrei | ma | sin | rech | sen | len | ben | nen | gen

▸ turnen

▸

4 Wie heißen die Sätze? Nummeriere.
Schreibe einen Satz ab.

1 Mimi   holt

 Eis   Badehose

 essen   seine

 möchte   1 Mo

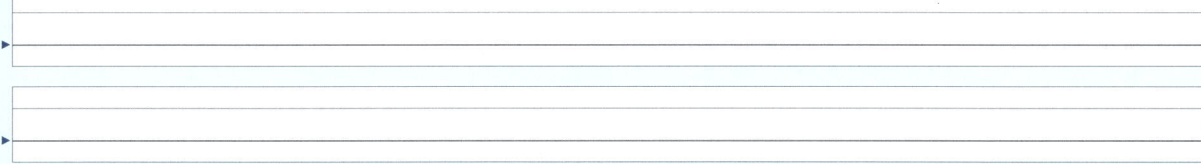

▸

▸

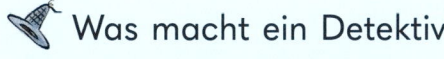 Was macht ein Detektiv?

In der Schule

Das brauche ich

1 Sprich die Wörter und schreibe sie in die Silbenbögen.

Hefte,   cher, Stif ,
sel, Brot

2 Überprüfe das Wort mit der Wörterliste.
Schreibe es richtig auf.

die Hefte
die Bücher
die Stifte
der Pinsel
die Brotdose

3 Was brauchst du in der Schule?

Kaugummi Buntstifte
Brotdose
Federmappe
Zeichenblock
Erdbeereis

Ich brauche:

Gehören Spielsachen in die Schultasche?
Sprecht darüber.

SF S. 11

Das Abc

1 Welche Buchstaben fehlen? Setze sie ein.

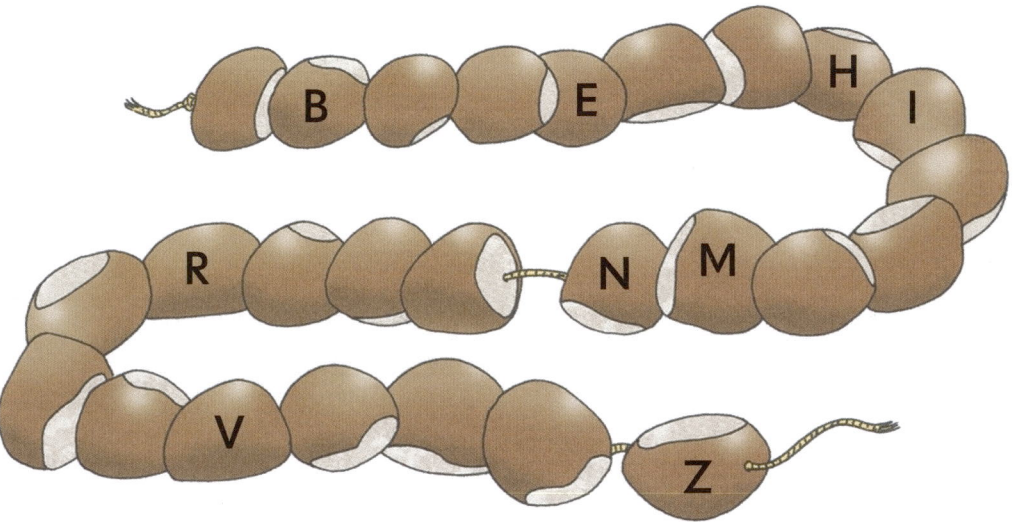

2 Ordne die Wörter nach dem Abc.
Nummeriere zuerst.

Ball	Tasche	Heft	Kind	Ente	Puppe
1					

1 Ball   4

2   5

3   6

Sammelt Abc-Sprüche.

Selbstlaute

1 Ergänze die fehlenden Buchstaben im Abc.
Markiere die Selbstlaute rot.

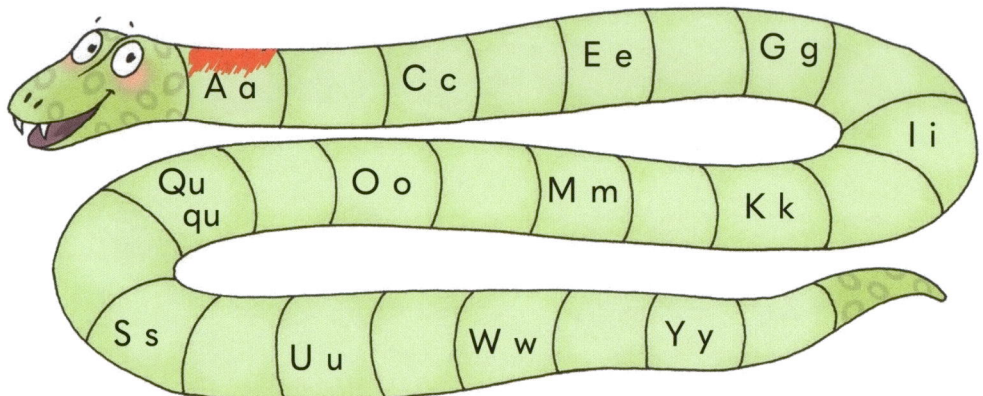

2 Setze die fehlenden Selbstlaute ein.

die T f l   der K ks   die Sch l

die H s   der T sch   der B s

3 Verändere den Selbstlaut. Bilde neue Wörter.

die W**a**nd → i → der _____

die N**u**del → a → die _____

der M**u**nd → o → der _____

der B**e**rg → u → die _____

Sammle Wörter mit zwei Selbstlauten.

die Nase _____

© 2022 Cornelsen Verlag GmbH, Berlin
Alle Rechte vorbehalten.

Umlaute und Zwielaute

1 Schreibe das Wort mit dem richtigen Umlaut auf.

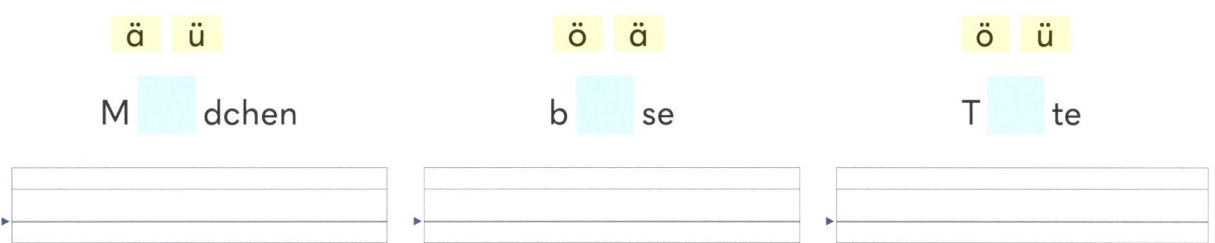

ä ü	ö ä	ö ü
M □ dchen	b □ se	T □ te

▶ _____ ▶ _____ ▶ _____

2 Setze den Zwielaut **au** **ei** **eu** ein.

das B □ n   n □ n   das □ to

3 Wo hörst du Zwielaute und wo hörst du Umlaute?
Schreibe die Wörter geordnet mit dem Artikel auf.

Wörter mit Zwielauten (3):

▶ das Au _____

Wörter mit Umlauten (3):

▶ der Kä _____

 Sammle Wörter mit **au**, **ei** und **eu**.

Silben

1 Lies die Wörter. Setze Silbenbögen darunter.

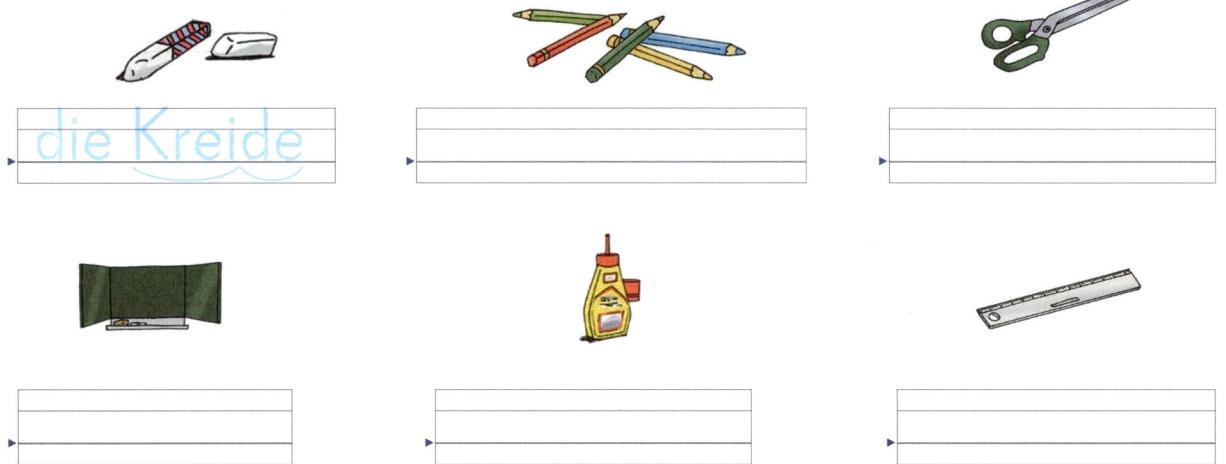

die Kreide

▶

▶

▶

▶

▶

2 Schreibe die Wörter ab.

zwei Silben:
(vier Wörter) ▶ Kreide,

▶

drei Silben:
(zwei Wörter) ▶

3 Verbinde. Schreibe die Wörter.

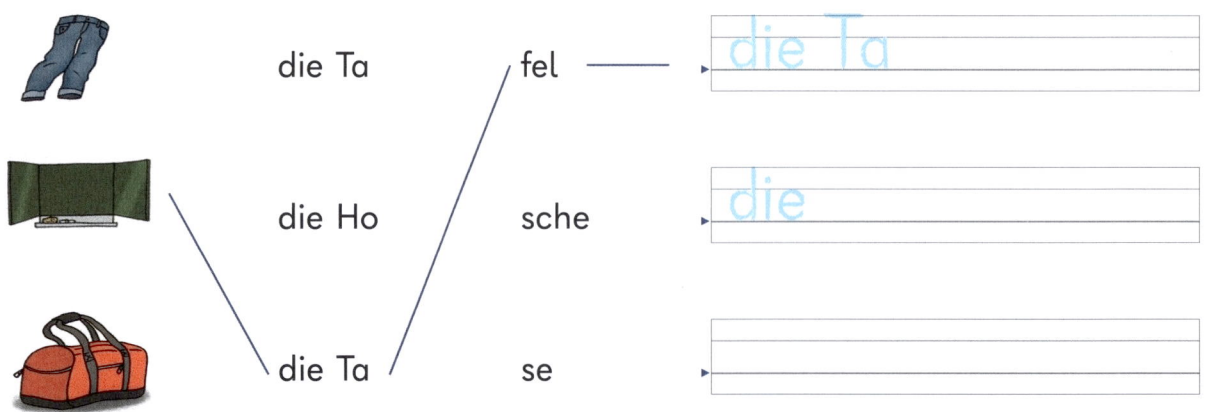

die Ta   fel —— ▶ die Ta

die Ho   sche ▶ die

die Ta   se ▶

Finde Wörter mit vielen Silben.

SF S. 17

BIST DU FIT?

1 Schreibe das richtige Wort neben das Bild.
Unterstreiche die Selbstlaute.

~~Bus~~   Hose   Tasche   Tafel   Ball   Tisch

Bus ▸

▸

▸

▸

▸

▸

2 Ordne die Farben nach dem Abc.
Unterstreiche dann die Zwielaute und kreise die Umlaute ein.

blau   grau   rot
grün   braun   lila

▸ blau,

▸

3 Ergänze die Sätze.

Nele hat grüne ▸ Augen .   ~~GEN – AU~~

Levin malt ein rotes ▸ _____ .   TO – AU

Karl hat eine blaue ▸ _____ .   SCHE – TA

Tim rechnet zwölf ▸ _____ .   BEN – AUF – GA

1 ☺ 😐 ☹   2 ☺ 😐 ☹   3 ☺ 😐 ☹   9

Im Herbst

Erlebnisse im Herbst

1 Was kannst du alles im Herbst machen? Ergänze.

 mit Kastanien

hüpfen
basteln
malen
pflücken

 Herbstbilder

 Äpfel

▸ pflücken

 durch Pfützen

2 Kannst du das draußen oder drinnen erleben?
Vervollständige die Tabelle.

draußen	drinnen
▸	▸
▸	▸

3 Welches Fest feiern wir im Herbst? Schreibe auf.

am 31. Oktober   Halloween   Wir feiern

▸

 Wie kann man sich zu Halloween verkleiden?

© 2022 Cornelsen Verlag GmbH, Berlin
Alle Rechte vorbehalten.

Herbstwetter

1 Schreibe die Wörter richtig auf.

Wind

W _____

Sonne

S _____

Herbstwetter

Nebel

N _____

Regen

R _____

2 Wähle aus. Schreibe über den Regen in Sätzen.

Regen

er fällt vom Himmel

er ~~bläst kräftig~~

er ist nass

er wirbelt Blätter auf

er überschwemmt Straßen

er heult um die Ecken

Der Regen fällt vom Himmel. Er ist

3 Was passt nicht zum Herbst? Schreibe es darunter.

Halloween   Weihnachten   Ostern

_____

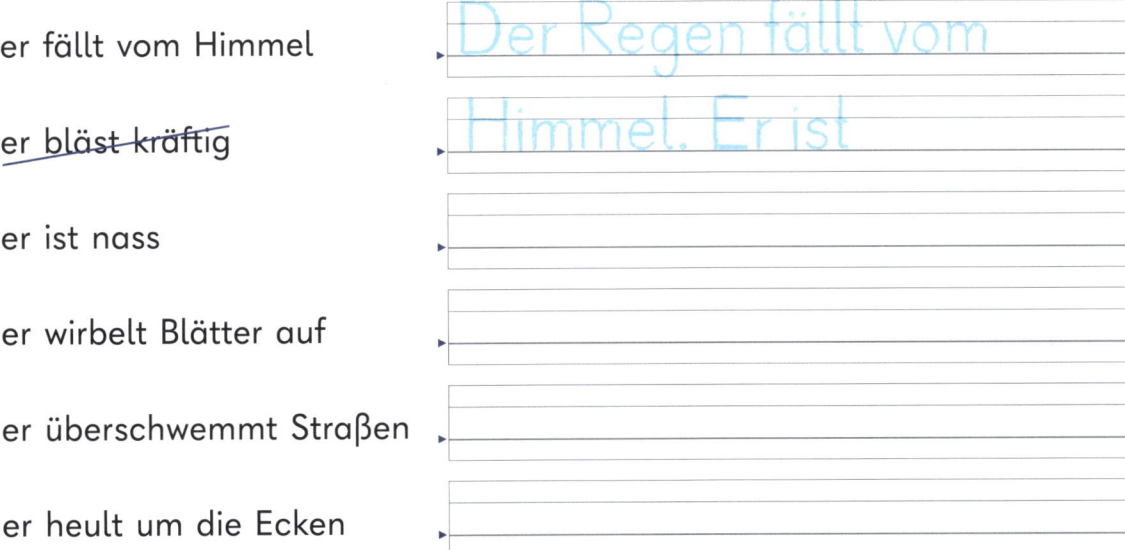

Er wabert durch die Straßen, man sieht kaum noch ein Haus.

Nass und kalt ist der _____.

Denkt euch eigene Herbsträtsel aus.

Menschen, Tiere, Pflanzen und Dinge

1 In jeder Zeile sind zwei Substantive/Nomen (Namenwörter).
Markiere so: Menschen **rot**, Tiere **braun**, Pflanzen **grün**, Dinge **gelb**.

Kind	hinter	Bruder
oben	Pferd	Käfer
Baum	über	Tulpe
Hemd	Ampel	unten

2 Schreibe die Substantive/Nomen mit Artikel auf.

3 Sind alle Substantive/Nomen großgeschrieben? Berichtige.

Im Herbst werden die ~~tage~~ immer kürzer.   1 Wort

Tage

Der wind bläst kräftig.   1 Wort

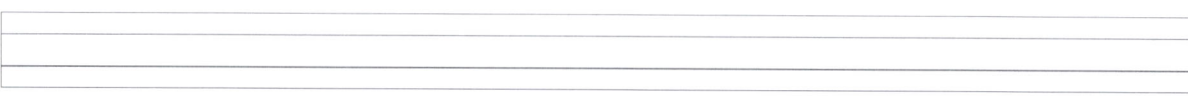

karl und Levin spielen im garten.   2 Wörter

🎩 Was kannst du im Herbst alles ernten? Sprecht darüber.

© 2022 Cornelsen Verlag GmbH, Berlin
Alle Rechte vorbehalten.

SF S. 24–26

Einzahl und Mehrzahl

1 Lies und kreuze an.

| ☐ Einzahl | ☐ Einzahl | ☐ Einzahl | ☐ Einzahl |
| ☐ Mehrzahl | ☐ Mehrzahl | ☐ Mehrzahl | ☐ Mehrzahl |

2 Unterstreiche im Text alle Substantive/Nomen in der Einzahl **rot** und in der Mehrzahl **grün**. Schreibe sie richtig in die Tabelle.

Lea räumt auf

Auf ihrem <u>Tisch</u> liegen viele <u>Sachen</u> herum. Die Bilder kommen wieder in das Regal. Auch die Kleider und Hemden hängt sie in den Schrank. Das Geld legt sie nun in die Dose. Die Körbe stellt sie in das Fenster.

Einzahl (6 Wörter)	**Mehrzahl** (5 Wörter)
▶ Tisch,	▶
▶	▶
▶	▶

3 Schreibe auf.

viele	eine Gurke
viele Kinder	ein
viele	ein Glas

Schreibe Substantive/Nomen, die es nur in der Einzahl gibt: *Milch, ...*

Wir üben richtig schreiben

1 Trage die Wörter aus der Leiste in das richtige Fenster ein.
Zeichne Silbenbögen.

Bruder • Garten • Würfel • Nebel •
Flügel • Regen • Kuchen • Wagen

a⌣e	ü⌣e
▸	▸
▸	▸

e⌣e	u⌣e
▸	▸
▸	▸

> Hier musst du verlängern.

2 Vervollständige die Lücken.

Pferd • Bild • Hund • Stift

Im Klassenzimmer hängen viele Bil___er. Nele malt ein ▸_____ .

Auf der Weide stehen Pfer___e. Ein ▸_____ frisst Gras.

In der Federmappe stecken die Stif___e. Ein ▸_____ fehlt.

Die Hun___e spielen im Park. Ein ▸_____ läuft an der Leine.

Die**b** oder Die**p**? Formuliere einen Rechtschreibtipp.

© 2022 Cornelsen Verlag GmbH, Berlin
Alle Rechte vorbehalten.

BIST DU FIT?

Schmuddelwetter

Seit einigen <u>Tagen</u> regnet es öfter.

Am Abend schleicht dicker Nebel um die Häuser.

Der Wind bläst durch den Garten.

Die Kinder gehen schnell ins Haus.

Sie trinken warmen Tee.

1 Unterstreiche im Text alle Substantive/Nomen (Namenwörter).

2 Ordne richtig zu. Schreibe den passenden Artikel (Begleiter) dazu.

Pferd • Baum • Hemd • Kind • Bruder • Zug • Blume • Katze

Personen:

Tiere:

Dinge:

Pflanzen:

3 Schreibe die Substantive/Nomen in der Einzahl und Mehrzahl mit dem Artikel auf. Markiere, was sich verändert.

Miteinander leben

Einladungen

1 Tim hat eine Einladung zum Geburtstag bekommen.
Schreibe die Einladung ab.

▸ _____

▸ _____

▸ _____

▸ _____

▸ _____

▸ _____

▸ _____

2 Unterstreiche in deiner Einladung:
Wer hat eingeladen?
Was findet statt?
An welchem Tag findet es statt?

3 Was darf man beim Schreiben einer Einladung nicht vergessen?
Kreuze an.

  ☐ Gruß   ☐ Eintrittskarte   ☐ Anrede

  ☐ Wer lädt ein?   ☐ Uhrzeit   ☐ Kekse

Wozu kann man alles einladen? Sammle Ideen.

SF S. 36

Feste und Partys

1 Was passt zu welcher Einladung? Verbinde.

Bringt eure Schlafsäcke mit!	**Einladung zum Schulfest**	Vergesst eure Bücher nicht!
Wir treffen uns auf dem Sportplatz.	**Einladung zur Lesenacht**	Alle Kinder erhalten Urkunden.
Bei schönem Wetter feiern wir auf dem Schulhof.	**Einladung zum Sportfest**	Ihr könnt eure Eltern mitbringen.

2 Streiche durch, was nicht in die Einladung passt.

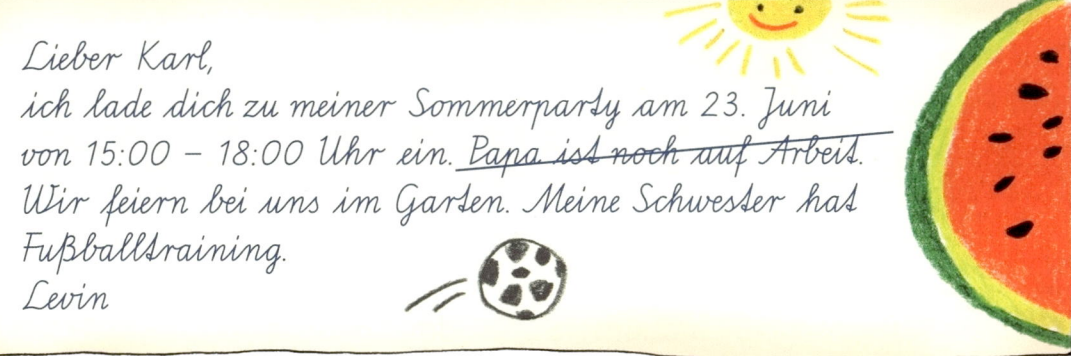

Lieber Karl,
ich lade dich zu meiner Sommerparty am 23. Juni
von 15:00 – 18:00 Uhr ein. ~~Papa ist noch auf Arbeit.~~
Wir feiern bei uns im Garten. Meine Schwester hat
Fußballtraining.
Levin

3 Schreibe die Einladung richtig auf.

Was braucht ihr alles zur Lesenacht? Sprecht darüber.

Wie etwas ist

1 Schreibe unter jedes Bild zwei passende Adjektive.

rot
schnell
bunt
kurz
sauer

2 Schreibe zu jedem Bild aus Aufgabe 1 einen Satz.

Die Hose ist

Das Auto

3 Was gehört nicht dazu? Unterstreiche das Wort in jeder Zeile.
Den 1. Buchstaben brauchst du für das Lösungswort.

neu – wischen – gesund – müde

angeln – rot – blau – hart

kalt – gut – regnen – weit

bunt – flüssig – gelb – malen

Lösungswort:

 Welche Farben können Luftballons haben?

Adjektive verändern sich

1 Wie ist es? Streiche das falsche Wort durch.

| flüssig | leise | rot | bunt |
| ~~weich~~ | rund | hart | dunkel |

2 Schreibe so.

Der Tee ist ⌐*flüssig*⌐.   der ⌐_____⌐ Tee

Der Kuchen ist ⌐_____⌐.   der ⌐_____⌐ Kuchen

Der Becher ist ⌐_____⌐.   der ⌐_____⌐ Becher

Die Stifte sind ⌐_____⌐.   die ⌐_____⌐ Stifte

3 Was verändert sich bei den Adjektiven? Unterstreiche.
Setze sie in der richtigen Form ein.

Die Kinder spielen ein ⌐_____⌐ Spiel.
(neu)

Dafür brauchen sie ⌐_____⌐ Ringe und Hütchen.
(bunt)

Tim macht einen ⌐_____⌐ Wurf.
(weit)

Am Ende bekommen alle ⌐_____⌐ Preise.
(klein)

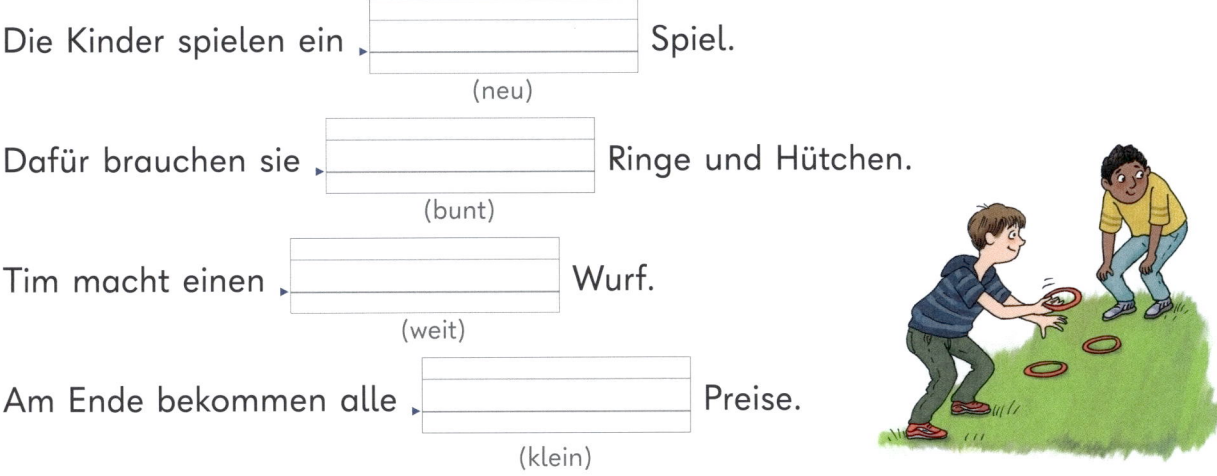

Spielt gemeinsam: „Ich sehe was, was du nicht siehst …".

Wir üben richtig schreiben

1 Verlängere die Wörter.

flüssi g/k → das *flüssige* Wasser → flüssi ☐

brei d/t → der _____ Weg → brei ☐

muti g/k → das _____ Mädchen → muti ☐

weit d/t → die _____ Hose → wei ☐

2 Schreibe alle Substantive/Nomen und Adjektive richtig auf.

Schwester • schwarz • schnell •
schlau • Schrift • Schnee • schön

Substantive/Nomen (3): *Schwester,* _____

_____

Adjektive (4): *schwarz,* _____

_____

3 Finde die vier Fehler. Berichtige.

meine schwester schneidet

Schwester _____

flüssike Limonade

_____

eine fremde schrift

_____

der erste schnee

_____

Sprecht darüber, wie man Fehler berichtigen kann.

© 2022 Cornelsen Verlag GmbH, Berlin
Alle Rechte vorbehalten.

BIST DU FIT?

1 Markiere die Gegensätze mit derselben Farbe.
Schreibe die Wortpaare auf.

flüssig	laut
leise	fest
hart	schwer
leicht	weich

▸ _____
▸ _____
▸ _____
▸ _____

2 In Neles Familie schreibt jeder einen Wunschzettel zum Geburtstag.
Setze die Adjektive richtig ein.

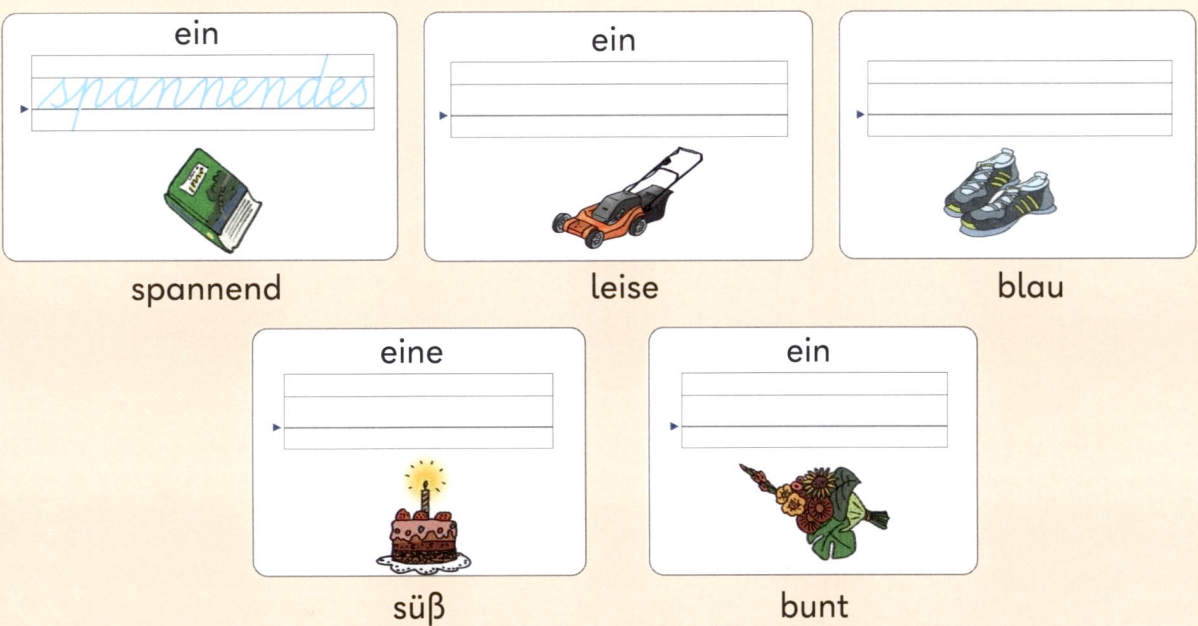

ein
▸ *spannendes*
spannend

ein
▸
leise

ein
▸
blau

eine
▸
süß

ein
▸
bunt

3 Schreibe die Einladung richtig auf.

▸ _____
▸ _____
▸ _____
▸ _____

Liebe Mia,
meinen Geburtstag
Viele Grüße von Levin
am 2. Juni feiere ich
um 17:00 Uhr

© 2022 Cornelsen Verlag GmbH, Berlin
Alle Rechte vorbehalten.

1   **2**  **3**

Märchenzeit

Märchen erraten

1 Was gehört zusammen? Verbinde.

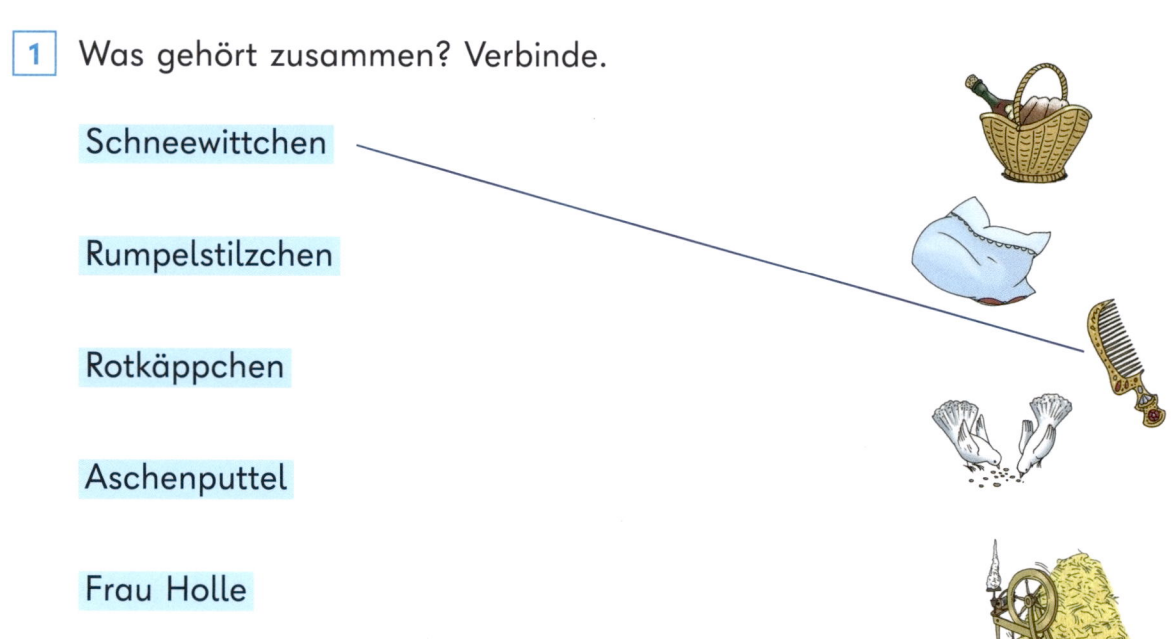

Schneewittchen

Rumpelstilzchen

Rotkäppchen

Aschenputtel

Frau Holle

2 Schreibe den Namen des Märchens auf.

Aschenputtel • Frau Holle • Schneewittchen • Rumpelstilzchen

Was gibst du mir, wenn ich
das Stroh zu Gold spinne?

▸ *Rumpel*

Spieglein, Spieglein an
der Wand, wer ist die Schönste
im ganzen Land?

▸

Die Guten ins Töpfchen,
die Schlechten ins Kröpfchen.

▸

Kikeriki, unsere goldene
Jungfrau ist wieder hie!

▸

 Welche Märchensprüche kennst du?

Verben

1 Was kann im Märchen passieren? Verbinde.

| fragen | tanzen | baden | fliegen |

2 In jedem Märchengegenstand stecken zwei Verben (Tätigkeitswörter).
Streiche die Wörter durch, die keine Tätigkeiten bezeichnen.

LEGEN
GEBEN
KÜCHE

BADEN
FRÖHLICH
SAGEN

REDEN
KUCHEN
BLEIBEN

3 Lies die Verben genau.
Ordne sie in der Tabelle.

kleben • fressen • suchen • leben • üben • lieben • wachsen • saufen

Menschen und Tiere können:	Menschen können:	Tiere können:
▸ *wachsen*	▸ *üben*	▸ *saufen*
▸	▸	▸
▸	▸	▸

🎩 Was machst du gern? Schreibe einige Verben auf.

Verben verändern sich

1 Immer eine Grundform (Nennform) und eine gebeugte Form (Personalform) gehören zusammen. Verbinde.

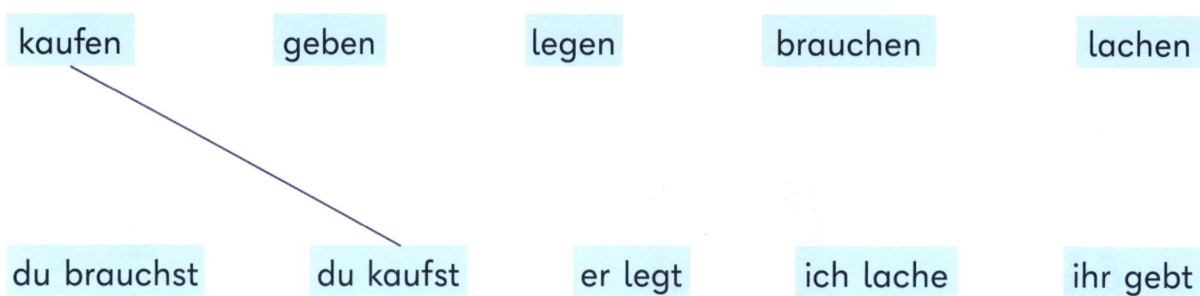

kaufen　　　geben　　　legen　　　brauchen　　　lachen

du brauchst　　　du kaufst　　　er legt　　　ich lache　　　ihr gebt

2 Setze die richtige gebeugte Form ein.

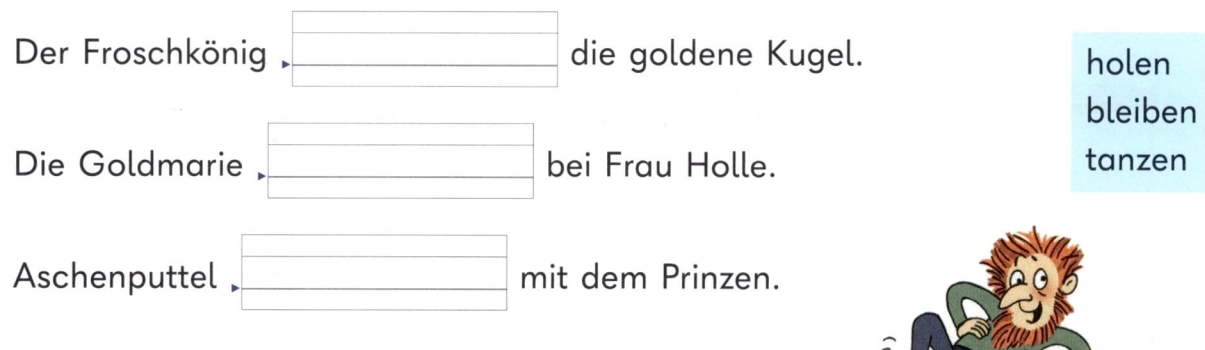

Der Froschkönig _____ die goldene Kugel.

Die Goldmarie _____ bei Frau Holle.

Aschenputtel _____ mit dem Prinzen.

holen
bleiben
tanzen

3 Ergänze die fehlenden Verbformen.
Verbinde dann mit dem richtigen Märchen.

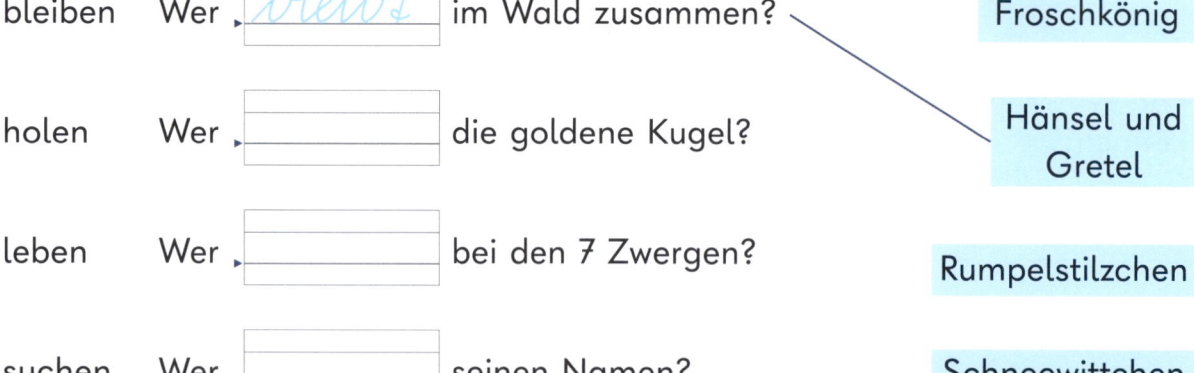

bleiben　Wer *bleibt* im Wald zusammen?　　　Froschkönig

holen　Wer _____ die goldene Kugel?　　　Hänsel und Gretel

leben　Wer _____ bei den 7 Zwergen?　　　Rumpelstilzchen

suchen　Wer _____ seinen Namen?　　　Schneewittchen

Was können Märchenfiguren alles?

Wer bin ich?

1 Welche Märchenfigur ist es?

Froschkönig   Schneewittchen   Rotkäppchen

Ich *habe* ein rotes Mützchen auf.

Ich bin _____.

Sie _____ ein Haus hinter den sieben Bergen.

Ich bin _____.

Er _____ eine kalte und nasse Haut.

Ich bin der _____.

2 Schreibe über die Märchenfigur.

lebt in der Küche   Aschenputtel

muss in der Asche schlafen   hat alte Kleider,
schmutziges Gesicht

Name: _____

Aussehen: _____
_____

Wohnort: _____

Besonderheit: _____

Welches ist dein Lieblingsmärchen? Erzähle.

Wir üben richtig schreiben

1 Finde Reimwörter.

 ihr gebt – geben

ihr klebt – kleben

 er zeigt – zeigen

 er liegt – liegen

 sie sagt – sagen

 sie stört – stören

 er steht – stehen

2 Finde die Substantive/Nomen. Schreibe die Wörter geordnet auf. Unterstreiche **ch**.

Kuchen • wir brauchen • wir suchen • Licht •
wir machen • Woche • wir rechnen • Frucht

Substantive/Nomen (4)	Verben (4)
der Kuchen	

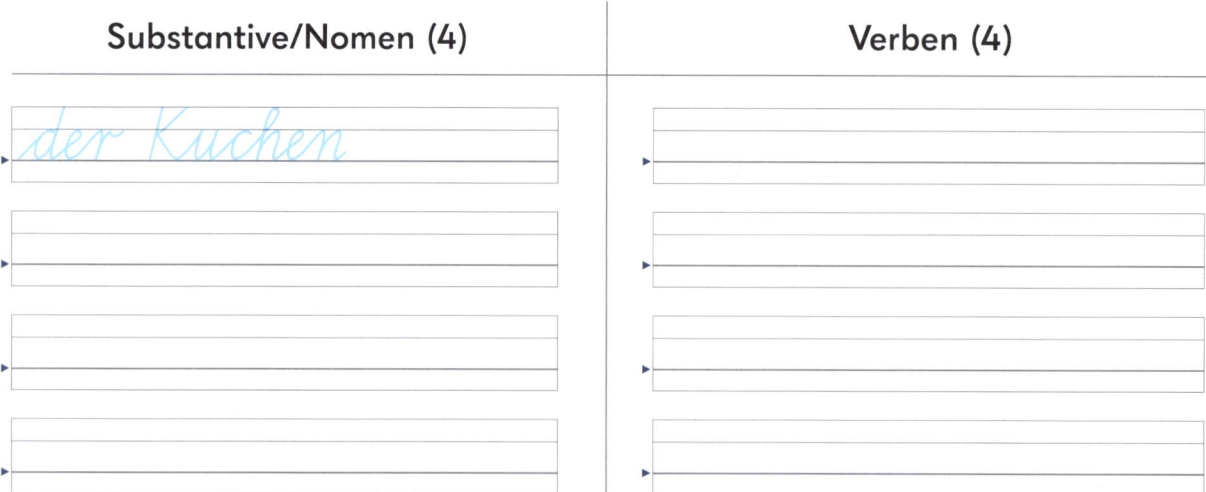 Finde Märchen mit **ch**: Rotkäppchen, Schnee...

SF S. 54/55

BIST DU FIT?

1 Unterstreiche alle Verben.

Alles durcheinander

Schneewittchen <u>sucht</u> ihren goldenen Schuh.

Rumpelstilzchen schlägt Purzelbäume.

Frau Holle fliegt schnell zum Mond und zurück.

Der Froschkönig hängt an der goldenen Kugel.

Die faule Pechmarie badet im Brunnen.

2 Was macht die Pechmarie? Schreibe so.

ich *bade* , du _____ , er _____

wir _____ , ihr _____ , sie (alle) _____

3 Bringe die Sätze in die richtige Reihenfolge.
Unterstreiche die Wörter mit **ch**.

☐ Der Wolf frisst die schwache Großmutter.

☐ Rotkäppchen macht sich auf den Weg.

☐ Zum Schluss verspricht Rotkäppchen,
nie wieder vom Weg abzukommen.

1 Die Mutter gibt Rotkäppchen einen Korb mit Kuchen und Wein.

☐ Der Jäger schneidet dem Wolf den Bauch auf.

☐ Im Wald sucht sie Blumen und Früchte.

Im Winter

Wortstamm und Endung

1 Finde zu den Verben passende Formen in der Wortleiste.
Markiere den Wortstamm farbig.

wünschen ▸ *ich wünsche,*

basteln ▸

rufen ▸

schenken ▸

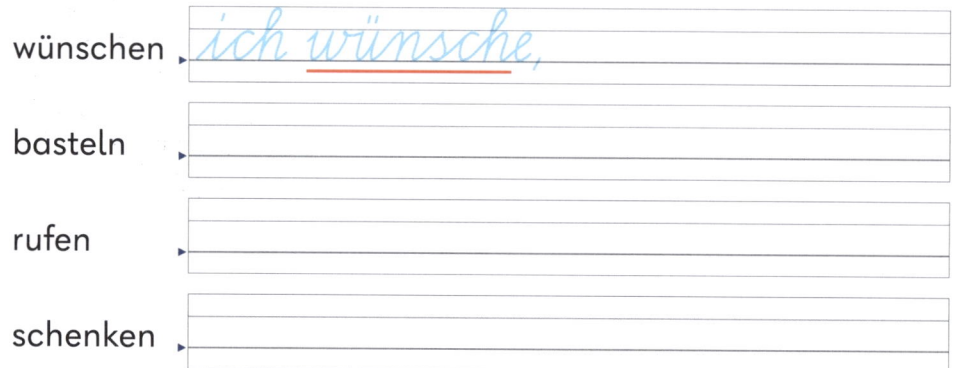

ihr ruft
~~ich wünsche~~
wir schenken
er bastelt
er schenkt
ich rufe
ihr bastelt
sie wünscht

2 Schreibe alle Formen auf.
Unterstreiche die Endung.

spiel -e -st -en -t

ich ▸ *spiele*   du ▸   er ▸

wir ▸   ihr ▸   sie (alle) ▸

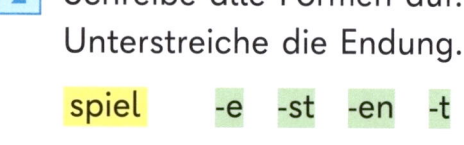

3 Setze die richtige Form von **spielen** ein. Markiere den Wortstamm.

Felix ▸ *spielt* mit seinem Hund im verschneiten Park.

Nele und Julia ▸ Verstecken.

„Warum ▸ du nicht mit?", fragt Nele.

„Ich ▸ lieber mit Bello im Schnee", meint Felix.

Papa fragt: „Warum ▸ ihr nicht gemeinsam?"

Suche im Wörterverzeichnis Verben, in denen sich
der Wortstamm ändert: *nehmen – du nimmst*

SF S. 58

Aussagesätze

1 Verbinde die Sätze richtig.

Meinen Wunschzettel	kommt der Nikolaus.
Wir bauen auf dem Schulhof	einen großen Schneemann.
Am 6. Dezember	schicke ich mit der Post.

2 Finde die Wortgrenzen und schreibe die Sätze ab.

wirrodelndenBerghinunter

Wir

dasRezeptfürdiePlätzchenisthier

allebackenzusammenLebkuchen

3 Welche Zutaten brauchst du für dein Rezept?
Schreibe es auf.

Plätzchen
250 Gramm Mehl
200 Gramm Butter
2 Eier
etwas Zucker
1 Päckchen Backpulver

250 Gramm Mehl

 Bastelt zusammen ein Kekshäuschen.

Wir üben richtig schreiben

1 Sprich die Wortpaare besonders deutlich.
Markiere die Selbstlaute so: _ (lang) und . (kurz).

> das Brot – der Topf   die Hütte – die Hüte   der Igel – die Birne
>
> die Blume – der Busch   der Mut – die Mutter   die Tafel – die Flasche

2 Klingt der erste Selbstlaut kurz oder lang? Entscheide.

kurz	lang
die	*das*

3 Markiere die Selbstlaute so: _ (lang) und . (kurz).
Schreibe die fünf Wörter mit kurzem Selbstlaut heraus.

> die Mutter • die Dose • singen • die Hose • das Loch
>
> der Wolf • wir lesen • malen • die Rose • der Hase • ich decke

> *die Mutter,*

Sammle Namen mit kurzem oder langem Selbstlaut.

BIST DU FIT?

1 Unterstreiche alle Verben.

Es <u>schneit</u> große Flocken.

Wir spielen im Schnee.

Nele rollt einen Bauch für den Schneemann.

Ich werfe mit großen Schneebällen nach Anne.

Der kleine Hund Benno springt durch den Schnee.

2 Schreibe die gebeugten Verbformen mit der Grundform heraus.
Unterstreiche den Wortstamm rot und die Endung blau.

▶ *es schneit – schneien.*

▶

▶

3 Bilde Sätze und schreibe sie auf.

Anna
Max
rodelt mit

▶ *Max rodelt mit*

▶

▶

Tim läuft
zum Rodelberg
mit dem Schlitten

▶

▶

▶

Schnee
vom Himmel
fällt

▶

▶

Das tut mir gut

Entschuldigungen

1 Wofür muss man sich entschuldigen? Kreuze an.

- ☐ Sportsachen verstecken
- ☐ Ball wegnehmen
- ☐ Kuchen backen

- ☐ Schimpfwörter rufen
- ☐ einkaufen gehen
- ☐ Tisch decken

2 Schreibe die Entschuldigung auf.

Entschuldige bitte, ich mache es nicht mehr.
Ich habe deine Sporttasche versteckt.
Tim, es tut mir leid.

Tim, es tut mir leid.

3 Wofür hast du dich schon entschuldigt? Schreibe es auf.

zu spät kommen   Hausaufgaben vergessen

Ich

Stelle Freunde-Regeln auf.

Fragen und Antworten

1 Verbinde die passenden Satzteile.

Mehmet	muss	auf die Straße.
Plötzlich	rollt	ganz schnell.
Ein Ball	fährt	er bremsen.

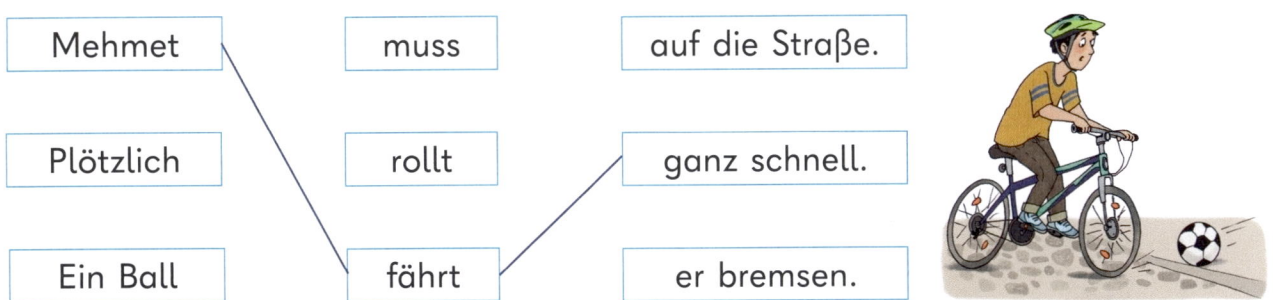

2 Wie müssen die Fragen heißen? Schreibe auch die Antworten darunter.

fährt – Mehmet – wie

Frage ▸

Antwort ▸

was – auf die Straße – rollt

Frage ▸

Antwort ▸

muss – wer – plötzlich bremsen

Frage ▸

Antwort ▸

3 Schreibe eine eigene Frage und Antwort auf.

Frage ▸

Antwort ▸

Informiere dich, wie der Notruf gewählt wird.

Satzarten

1 Wie heißen die Aufforderungssätze? Ergänze.

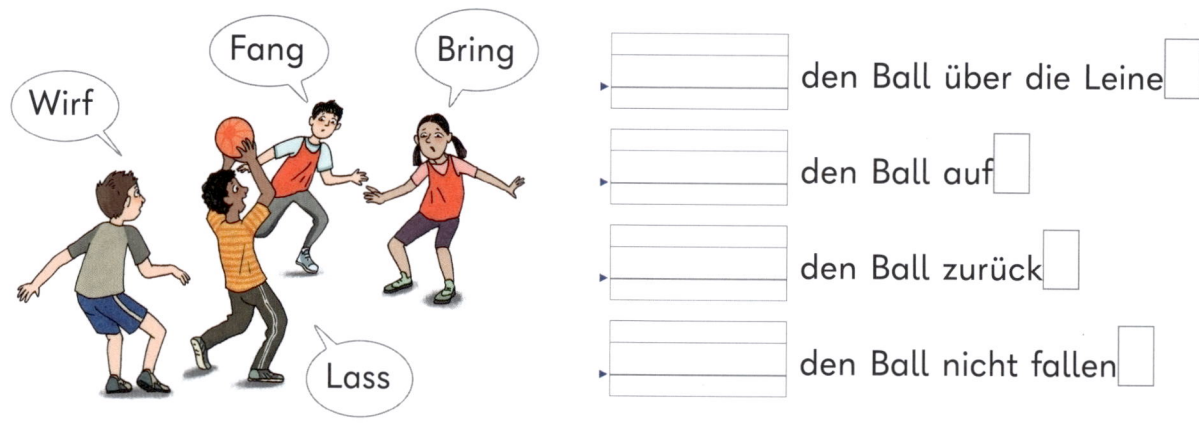

▸ _____ den Ball über die Leine ☐

▸ _____ den Ball auf ☐

▸ _____ den Ball zurück ☐

▸ _____ den Ball nicht fallen ☐

2 Lies die Sätze. Setze die richtigen Satzschlusszeichen.

Nele trinkt oft Milch ☐

Hat Levin ein Haustier ☐

Leg das Tablet weg ☐

3 Schreibe die Sätze geordnet ab.

Aussagesatz

▸ Nele

Fragesatz

▸ Wer

Aufforderungssatz

▸ Leg

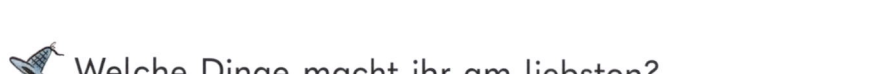 Welche Dinge macht ihr am liebsten?

SF S. 70–72

Wir üben richtig schreiben

1 Ordne den Verben die Bilder zu. Markiere **ie**.

fliegen   liegen   spielen   lieben

▸ _____

▸ _____

▸ _____

▸ _____

2 Entschlüssle die Geheimschrift.

1	2	3	4	5	6	7	8	9	10	11	12	13	14	15	16
A	B	C	D	E	G	H	I	K	L	N	O	R	S	T	U

2 – 1 – 11 – 9

▸ *Bank*

2 – 13 – 8 – 11 – 6 – 5 – 11

▸ _____

12 – 11 – 9 – 5 – 10

▸ _____

14 – 8 – 11 – 6 – 5 – 11

▸ _____

4 – 16 – 11 – 9 – 5 – 10

▸ *dunkel*

13 – 8 – 11 – 6

▸ _____

3 Ordne die Wörter aus Aufgabe 2 nach Wortarten.
Unterstreiche **ng** und **nk** mit verschiedenen Farben.

Verben: ▸ _____

Substantive/Nomen: ▸ *Bank* _____

Adjektive: ▸ _____

 Denke dir eine Geheimschrift für Wörter mit **ie**, **ng** oder **nk** aus.

BIST DU FIT?

1 Setze **i** und **ie** richtig ein.

D▢ B▢nen fl▢gen umher.

V▢le K▢nder sp▢len auf der W▢se.

Ein▢ge T▢re halten ▢mmer noch W▢nterschlaf.

Jul▢a r▢cht am Fl▢der.

2 Schreibe einen Aufforderungssatz und einen Fragesatz.

Mia und Karl fahren mit dem Rad.

Helm aufsetzen

Aufforderung:

▸ *Setzt den*

wohin

Frage:

▸ *Wohin wollen*

3 Nele entschuldigt sich bei Tim.
Welcher Satz passt besser? Schreibe den Satz auf.

Oh, Entschuldigung, das wollte ich nicht, es tut mir leid.

Pass mal besser auf, ich war es nicht.

▸ _____

▸ _____

▸ _____

▸ _____

© 2022 Cornelsen Verlag GmbH, Berlin
Alle Rechte vorbehalten.

1  **2** ☺ ☹ **3** ☺ ☹

Ich übe Buchstaben

1 Welche Buchstaben kannst du schreiben?
Übertrage sie in Schreibschrift.

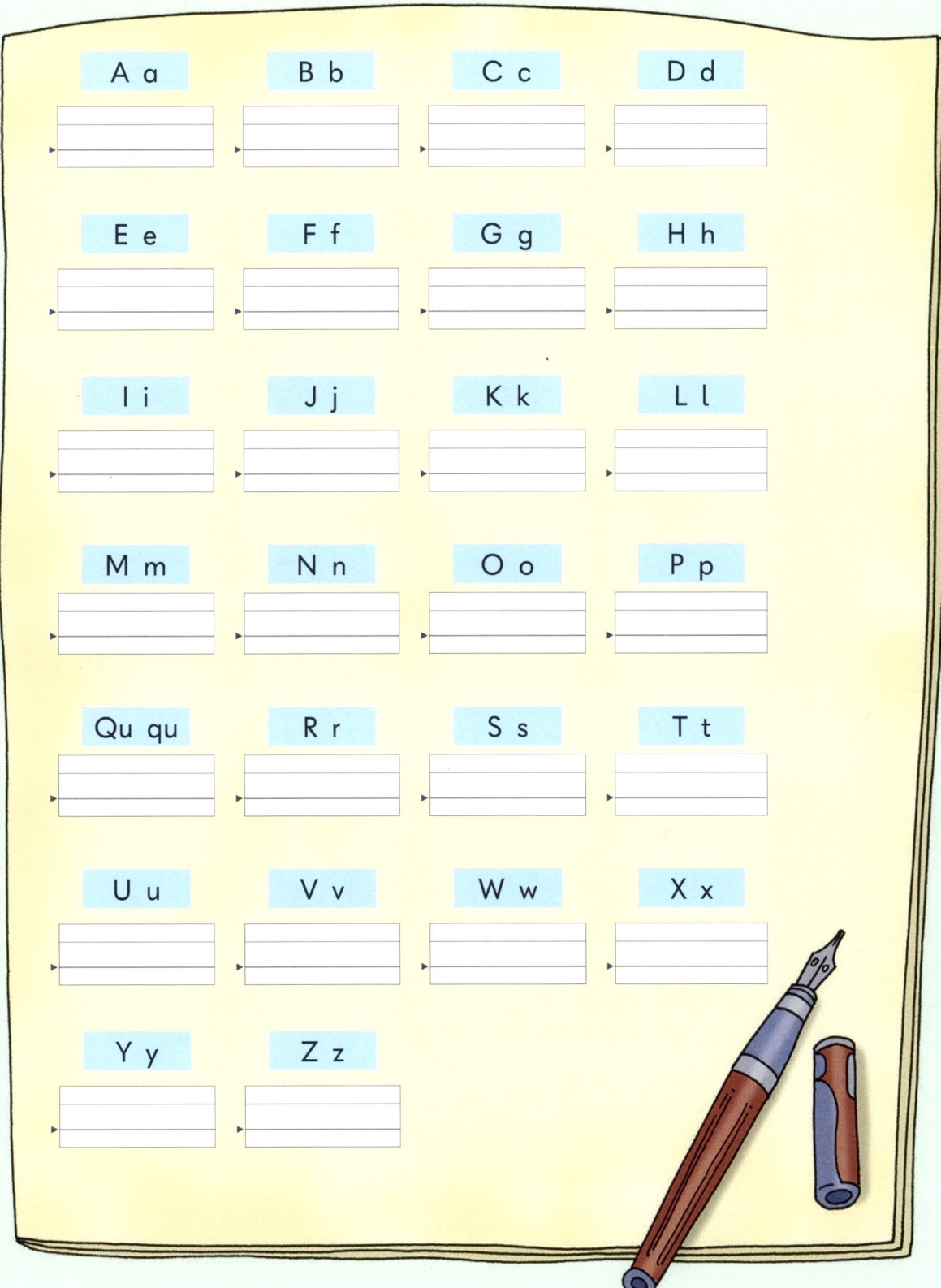

A a   B b   C c   D d

E e   F f   G g   H h

I i   J j   K k   L l

M m   N n   O o   P p

Qu qu   R r   S s   T t

U u   V v   W w   X x

Y y   Z z

ICH ÜBE SCHREIBSCHRIFT

ICH ÜBE SCHREIBSCHRIFT

Ich übe Buchstabenverbindungen

1 Schreibe sauber und achte auf die Verbindung.

Ei · Ga · Ki · Li · Ma · Ru · Ze · Ja

2 Setze jeweils den zweiten Buchstaben genau auf der Grundlinie an.

So · Ti · Na · Bi · Va · Do

3 Achte beim Schreiben auf die Verbindung.

Af Al As *Af Al As*

Fe Fl Fi *Fe Fl Fi*

He Hu Ho *He Hu Ho*

ra rn re *ra rn re*

bl be ba *bl be ba*

os ot ol *os ot ol*

ICH ÜBE SCHREIBSCHRIFT

Ich halte Schreibräume ein

1 Schreibe die Wörter ab. Achtung: Der Platz muss reichen.

Kreide

Buch

Lineal

> Es wird immer enger.

2 Schreibe die Sätze ab.

Der Füller steckt in der Federmappe.

Hast du ein Lineal?

3 Schreibe genau in die Zeile.

> Schaffst du es auch hier?

Der Füller steckt in der Federmappe.

Hast du ein Lineal?

ICH ÜBE SCHREIBSCHRIFT

Ich kann Schreibschrift

1 Übertrage in die Schreibschrift.

Eis lecken

Eulen malen

laut lachen

Affe • Fenster
Hose • Finger

rechnen • blühen
baden • sollen

2 Schreibe die Wörter aus der Wörterschlange richtig ab.

quatschenQuallequakenQuelle

Ich schreibe ein Gedicht ab

Die Schaukel

Wie schön sich zu wiegen,
die Luft zu durchfliegen
am blühenden Baum!
Bald vorwärts nach oben,
bald rückwärts gehoben,
es ist wie im Traum!

Heinrich Seidel

1 Schreibe das Gedicht in Schreibschrift ab.

2 Gestalte die Seite passend.

ICH ÜBE SCHREIBSCHRIFT

Ich lege eine Tabelle an

1 Zeichne die Tabelle mit zwei gleich großen Spalten nach.

Küche	Bad	← Tabellenkopf
Spalte ↓	Zeile →	

2 Schreibe den Tabellenkopf nach.

3 Ordne die Wörter in der Tabelle zu.

Spielkiste • Töpfe • Gläser • Teddy
Bett • Teller • Schlafanzug • Tassen
Rennbahn • Schüsseln • Schreibtisch • Besteck

im Kinderzimmer	in der Küche

Ich beschrifte etwas

1 Beschrifte dein Heft.

Name ▸

Klasse ▸

Fach ▸ *Deutsch*

2 Beschrifte die Teile der Tulpe.

▸ *Die Tulpe*

Blüte

St

B

Z

W

Wurzel

Blatt

Zwiebel

Stängel

Blüte

ICH ÜBE SCHREIBSCHRIFT

Das kann ich alles

1 Lies die Zaubersprüche der Hexe Xenia.

Lirum
larum
Löffelstiel,
die Schreibschrift
ist ein Kinderspiel!

Ene mene
Kuchenschreck,
die Schreibschrift
her,
die Druckschrift
weg!

Hokus
Pokus
Hühnerei,
die Schreibschrift
zaubere ich herbei!

2 Zaubere aus Druckschrift die Schreibschrift.
Schreibe einen Spruch ab.

▶
▶
▶

Mein Schreibschriftpass

Name:

▶

Klasse:

▶

erhalten am:

▶

Unterschrift:

▶

Seite	☺	☹
S. 37		
S. 38		
S. 39		
S. 40		
S. 41		
S. 42		
S. 43		
S. 44		

© 2022 Cornelsen Verlag GmbH, Berlin
Alle Rechte vorbehalten.

Im Frühling

Eine Geschichte schreiben

1 Was passiert auf den Bildern? Verbinde.

Die Kinder machen alle ein Picknick und sitzen auf den Decken.

Mia und Karl entdecken am Waldrand ein Reh.

Unsere Klasse wandert zum Auwald.

2 Wähle einen Schluss. Kreuze an.

☐ Der Fuchs verschwindet schnell im Wald.

☐ Karl beobachtet ganz leise den Fuchs.

3 Schreibe die Geschichte vollständig auf.

▸ *Der Ausflug*

▸

▸

▸

▸

▸

Wart ihr schon einmal im Wald? Erzählt davon.

Wörter zusammensetzen

1 Bilde zusammengesetzte Substantive/Nomen.
Schreibe sie mit dem Artikel auf.

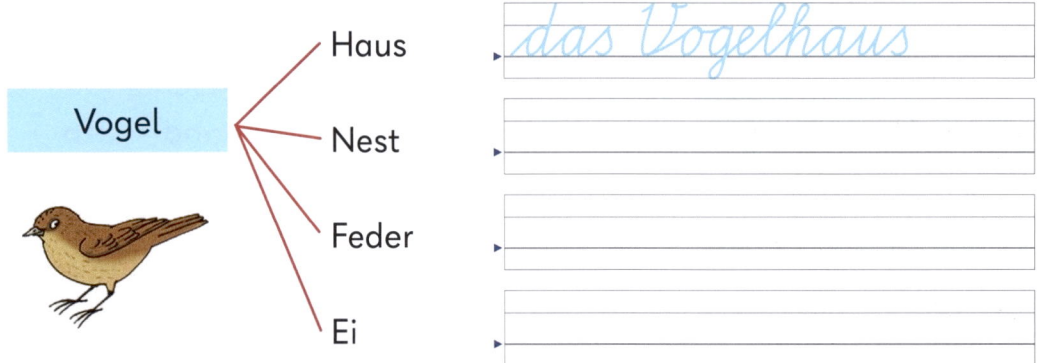

Vogel — Haus ▸ *das Vogelhaus*

Vogel — Nest ▸

Vogel — Feder ▸

Vogel — Ei ▸

2 Finde in jeder Zusammensetzung zwei Wörter. Schreibe so.

Regenwasser ▸ *der Regen, das Wasser*

Kinderzimmer ▸

Quarkspeise ▸

3 Setze die Zusammensetzungen richtig ein.

Schneeglöckchen   Blumenstrauß

Gänseblümchen   Blumenvase

Felix sieht viele ▸ _____ auf der Wiese.

„Mami wird sich über den ▸ _____ freuen", ruft Nele.

Beide entdecken auch noch ▸ _____ .

Die sind zu klein für die ▸ _____ .

 Gestalte für deine Mitschüler Bilderrätsel. So:

SF S. 82

Wir üben richtig schreiben M

1 Schreibe die Verben aus der Wörterschlange richtig auf.
Setze die Silbenbögen darunter.

sehengehenblühenmähenstehen

▸ _____

▸ _____

2 Setze das passende Verb ein.

Die Blumen ▸ _____ im Garten.

Wir ▸ _____ zu Fuß.

Karl und Levin ▸ _____ viele Ameisen durch die Lupe.

Omi und Nele ▸ _____ am Zaun.

Papa muss den Rasen ▸ _____ .

gehen
blühen
sehen
mähen
stehen

3 Markiere die Wörter einer Wortfamilie. Schreibe eine heraus.

ich stehe	gehen	gesehen	du siehst
der Gehweg	der Stehtisch	aussehen	ihr geht
sehen	verstehen	du gehst	stehen

▸ _____

▸ _____

Spielt mit den Verben aus der Wörterschlange Pantomime.

Wir üben richtig schreiben

Ofen   offen

1 Kurz oder lang?
Welches Wort passt nicht in die Reihe?
Streiche es durch.

a	Wasser	Hals	~~Hase~~
e	Wetter	Weg	Heft
i	Tiger	Himmel	Licht
o	Sommer	Vogel	Wolke
u	Buch	Puppe	Wurzel

2 Was folgt nach kurzem Selbstlaut? Ordne die Wörter.

doppelter Mitlaut (5) ▸ *das Wasser,*

▸ _____

verschiedene Mitlaute (5) ▸ *der Ast,*

▸ _____

3 Schreibe die Verben richtig auf. Markiere den doppelten Mitlaut.

fal
fül
rol
sol   len
stel
wol

▸ *fallen,*

▸ _____

▸ _____

 Erfinde lustige Substantive/Nomen: *Bettur, Hemmul, …*

© 2022 Cornelsen Verlag GmbH, Berlin
Alle Rechte vorbehalten.

BIST DU FIT?

1 Ordne nach Wortfamilien.

du rollst • ihr fallt • gerollt • der Abfall • der Roller • ich falle

rollen	fallen
▶	▶
▶	▶
▶	▶

49

2 Welches Wort passt – **Wetter** oder **Quark**?
Schreibe alle Zusammensetzungen mit dem Artikel auf.

Sahne   Speise

?

Kräuter

▶
▶
▶

3 Schreibe nur die Substantive/Nomen mit kurzem Selbstlaut
geordnet auf.

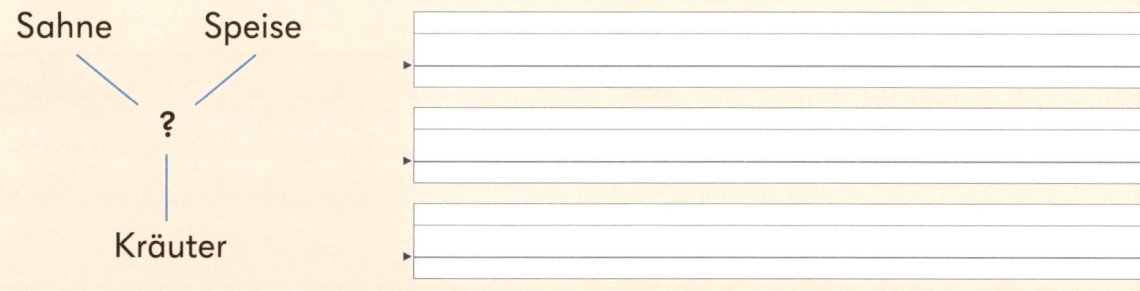

doppelter Mitlaut (2) ▶

verschiedene Mitlaute (2) ▶

Von Tieren und Menschen

Tierrätsel

1 Verbinde.

Ameisen und Schmetterlinge sind   Vögel.

Amsel und Elster sind   Insekten.

Schlangen und Krokodile sind   Nagetiere.

Biber und Mäuse sind   Kriechtiere.

2 Welches Tier wird hier gesucht? Schreibe es auf.

| Ich habe zwei Flügelpaare, sechs Beine und einen Stachel. Ich bin ein fleißiger Helfer der Menschen. Ich liefere Honig.  | Ich bin klein und länglich. Ich fresse den ganzen Tag Blätter. Ich verwandle mich in einen Schmetterling. |

▸ _____

▸ _____

3 Schreibe Sätze.

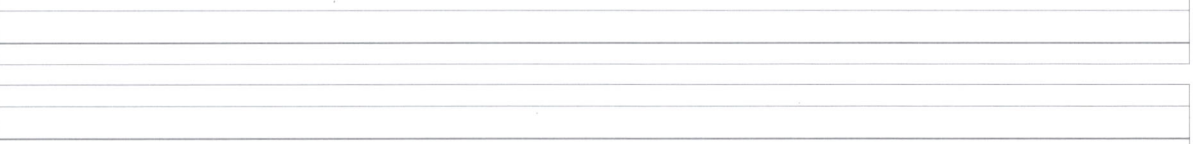

Ich – ein Fell. – habe   Ich – schnurren und schleichen. – kann gut

Ich – Mäuse, Ratten und Vögel. – fresse

▸ _____

▸ _____

▸ _____

 Welche Haustiere kennst du?

Ein beliebtes Haustier

1   Lies den Text. Beantworte die Fragen.

In der Familie der Katzen gibt es die Klein- und Großkatzen.
Sie haben einen runden Kopf mit zwei kleinen Ohren.
An der Schnauze haben sie lange Tasthaare.
Katzen können sich geschickt bewegen.
In der Dunkelheit sehen sie gut.
Autos sind die größten Feinde der Hauskatzen.

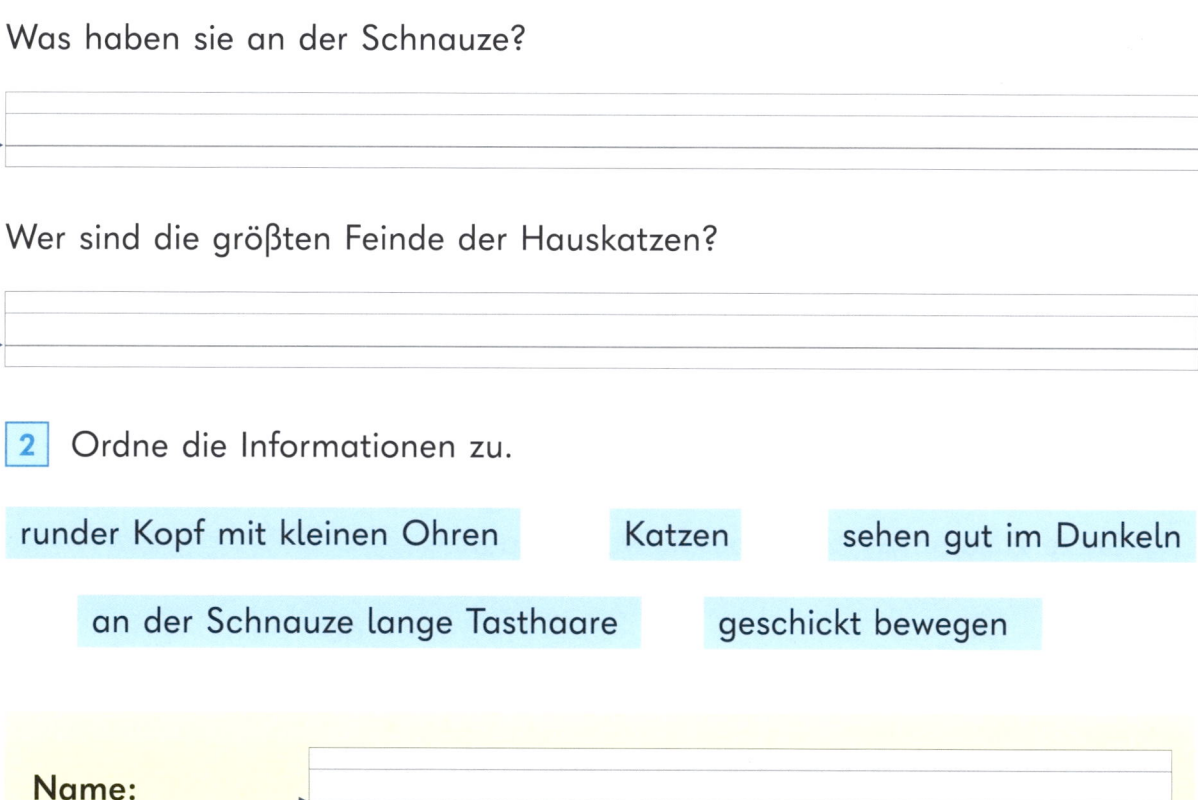

Was haben sie an der Schnauze?

▶

Wer sind die größten Feinde der Hauskatzen?

▶

2   Ordne die Informationen zu.

runder Kopf mit kleinen Ohren   Katzen   sehen gut im Dunkeln

an der Schnauze lange Tasthaare   geschickt bewegen

Name:

▶

Aussehen:

▶

▶

Besonderheiten:

▶

▶

 Hunde und Katzen sind beliebte Haustiere.
Wo auf der Welt gibt es sie überall?

Wortbausteine

1 Setze sinnvolle Verben zusammen. Schreibe sie auf.

ein	kaufen
auf	stehen
ab	fahren
mit	spielen
an	rufen

▸ *einkaufen*

▸ _____

▸ _____

▸ _____

▸ _____

2 Setze zusammen. Schreibe die Verben auf.

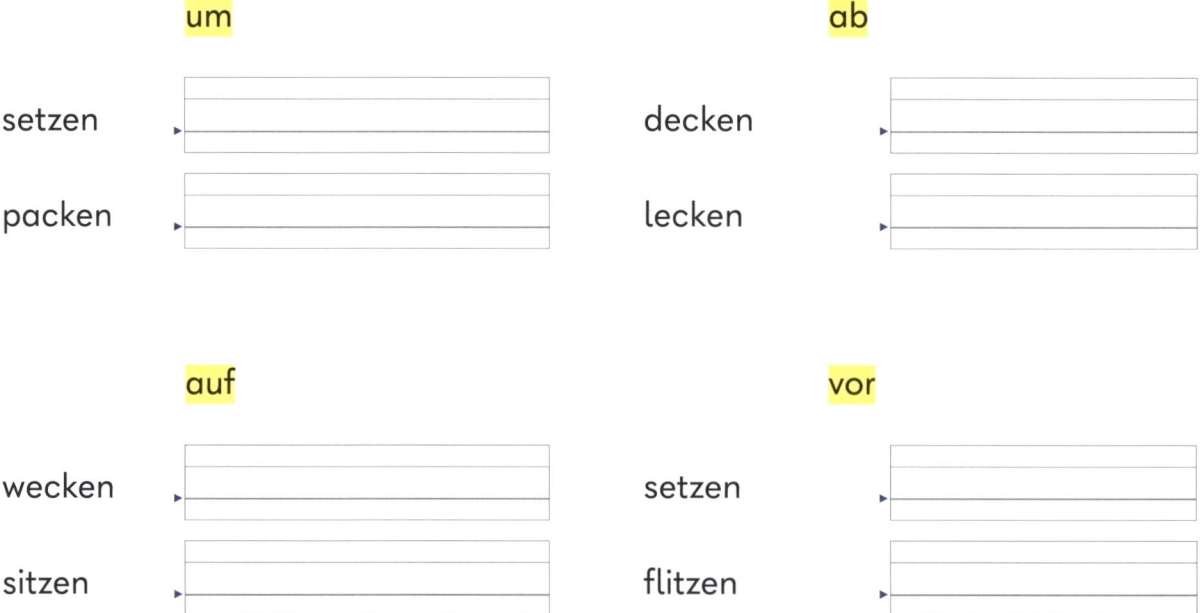

um

setzen ▸ _____

packen ▸ _____

ab

decken ▸ _____

lecken ▸ _____

auf

wecken ▸ _____

sitzen ▸ _____

vor

setzen ▸ _____

flitzen ▸ _____

🎩 Finde ein Verb, zu dem viele Wortbausteine passen.

Wortbausteine verändern die Bedeutung

1 Setze richtig ein.

aus   um   ~~ein~~   steigen

Nele **steigt** in den Bus *ein* .

An welcher Station **steigt** Nele wieder _____?

Am Bahnhof **steigt** Nele vom Bus in den Zug _____.

2 Welcher Wortbaustein passt? Setze ein.

ab   an

Unsere Katze Leo schleicht sich immer leise _____.

aus   um

Leo schleckt den Futternapf immer _____.

zu   ein

In seinem Körbchen schläft Leo schnell _____.

hoch   mit

Im Garten klettert Leo den Baum _____.

ab   los

Sieht Leo Hunde, rennt er _____.

Suche Verben, die du mit an und vor zusammensetzen kannst.

Wir üben richtig schreiben

1 Trage die Wörter in das Rätsel ein.

D   W

D

Z

H

R

L

DRUCKEN
HECKE
LECKER
ZUCKER
DICK
ROCK
RÜCKEN
WECKEN

2 Schreibe die Wörter geordnet auf. Setze Silbenbögen darunter.

Substantive/Nomen (4) ▸ *Zucker,*

▸

Verben (2) ▸

Adjektive (2) ▸

3 Setze die Wörter richtig ein. Katze • Platz • sitzt • putzt • Satz • jetzt

Levin hat eine ▸ *Katze* . Sie ▸ _____ auf ihrem ▸ _____

am Fenster. Sie beobachtet ▸ _____ gerade die Vögel draußen.

Mit einem ▸ _____ springt sie vom Fensterbrett ins Körbchen.

Dort ▸ _____ sie ihr Fell.

Formuliere einen Rechtschreibtipp für Wörter mit **tz** und **ck**.

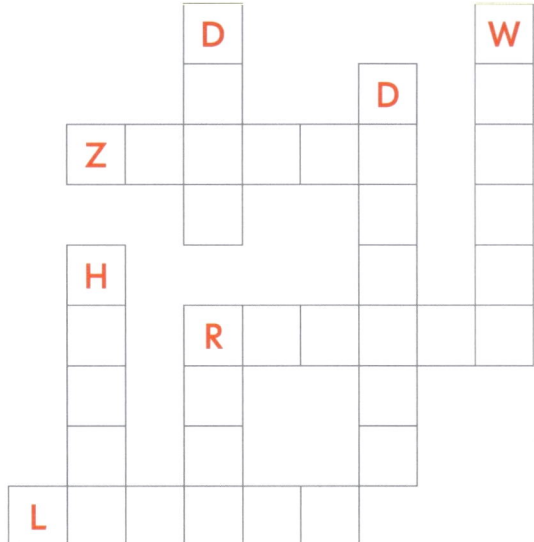

SF S. 94/95

BIST DU FIT?

1   Ordne nach den Wortarten. Unterstreiche dann **tz** und **ck** verschieden.

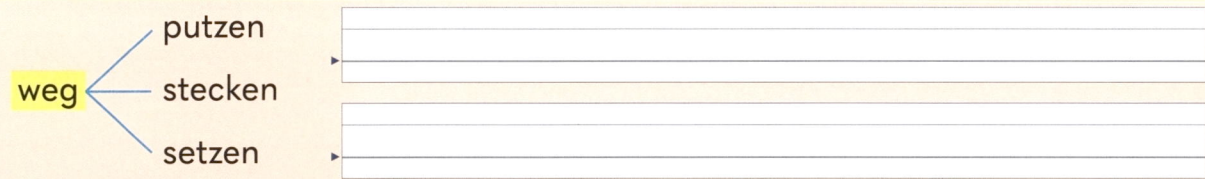

der Zucker • sitzen • lecker • platzen •
dick • backen • die Katze • kratzen

Substantive/Nomen:

Verben:

Adjektive:

2   Bilde neue Wörter.

weg ⟨ putzen

stecken

setzen

3   Schreibe die Informationen aus dem Text heraus.

Der Regenwurm
Er lebt unter der Erde.
Er vergräbt sich oft im Kompost.
Amseln und Maulwürfe sind seine Feinde.
Der Regenwurm mag die Sonne nicht.
Er atmet nur durch die Haut.

Tier:

Lebensraum:

Feinde:

Besonderheit:

Unsere Welt

Schule in anderen Ländern

1 Lies die beiden Texte an der Wandzeitung genau.

Kinder unserer Welt

Kristjan aus Island erzählt uns:
Wir lernen 10 Jahre gemeinsam in der Schule. In meine Klasse gehen 20 Kinder. Wir haben eine Schulbücherei und Computer. Die Schule ist kostenlos. Im Sommer habe ich 10 Wochen lang Ferien.

Carlos aus Spanien erzählt:
Unsere Grundschule dauert 8 Jahre. Ab Klasse 3 haben wir Englisch. Unsere beste Note ist die 10, die schlechteste ist die 1. Wir spielen alle sehr gerne Fußball. Unsere Sommerferien gehen bis Mitte September.

2 Ordne die Stichpunkte in die richtige Spalte ein.

Schulbücherei, 8 Jahre Grundschule, 10 Wochen Ferien, beste Note 10, Computer, gerne Fußball spielen

Kristjan	Carlos
Schulbücherei	

3 Was wünschst du dir für deine Schule? Schreibe einen Wunsch auf.

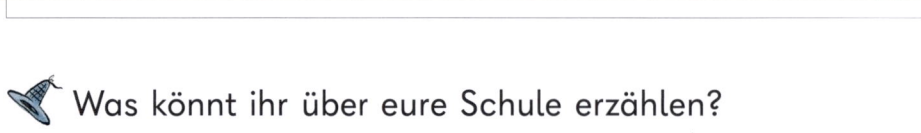 Was könnt ihr über eure Schule erzählen?
Vergleicht mit Kristjan und Carlos.

© 2022 Cornelsen Verlag GmbH, Berlin
Alle Rechte vorbehalten.

Wir üben richtig schreiben M

1 Ordne nach dem Abc.

Sohn   Jahr   Uhr   Zahn   Frühling   Verkehr

☐   ☐   ☐   ☐   *1*   ☐

▸ *Frühling,*

▸

2 Im Suchsel stehen 6 Verben mit **h**. Markiere sie.

Q	F	A	H	R	E	N	O	A
Z	Ä	H	L	E	N	E	X	W
E	B	E	Z	A	H	L	E	N
G	U	H	U	V	B	H	X	E
W	O	H	N	E	N	S	V	Q
N	E	H	M	E	N	X	N	Y
B	D	O	F	E	H	L	E	N

3 Setze die gefundenen Verben in der richtigen Form ein.

Ich ▸ *fahre* mit dem Bus.

Die Lehrerin ▸ _____ die Kinder.

Wer ▸ _____ die Fahrkarten?

▸ _____ du in meinem Zimmer?

Wer ▸ _____ den Fußball?

Spielkarten dürfen auch nicht ▸ _____ .

> Achtung!
> nehmen – er nimmt

 Sammelt Ideen für einen Ausflug mit der Klasse.

Wir üben richtig schreiben M

1 Setze die Formen von **mein**, **dein** und **sein** richtig ein.

Es gehört mir:	Es gehört dir:	Es gehört Anton:
mein		
Geschenk	Geschenk	Geschenk
	deine	
Uhr	Uhr	Uhr
Rucksack	Rucksack	Rucksack
Eistüte	Eistüte	Eistüte

2 Schreibe die Wörter in alle Kästchen mit derselben Farbe.

ihr		*ihr*	
ihre			
unser	*ihr*		
unsere			*ihr*
euer			
eure			

Buchstabiert die Merkwörter in der ersten Spalte.
Wer kann es schnell und ohne Fehler?

© 2022 Cornelsen Verlag GmbH, Berlin
Alle Rechte vorbehalten.

Sprachen bei uns und anderswo

1 Wie heißen die Wörter in unserer Sprache? Schreibe sie auf.

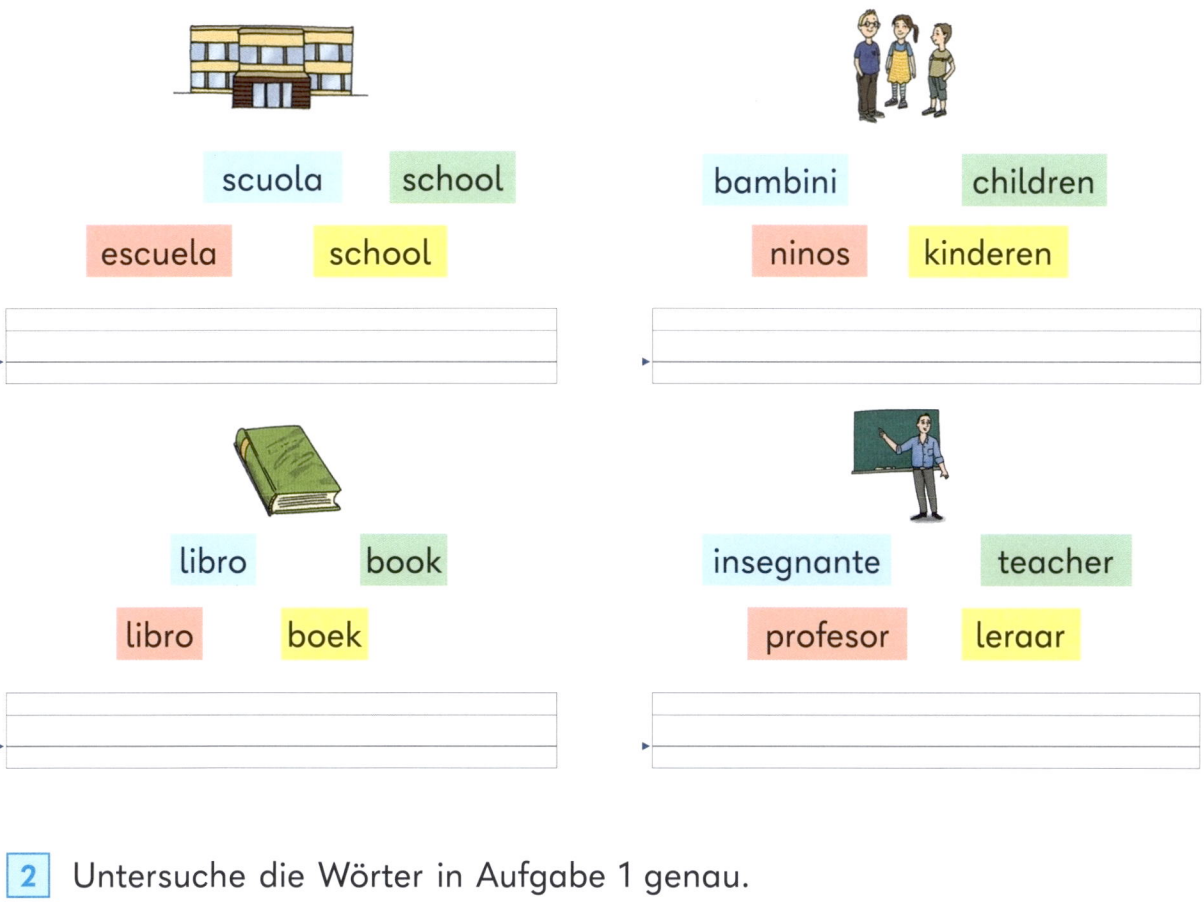

scuola   school

escuela   school

bambini   children

ninos   kinderen

libro   book

libro   boek

insegnante   teacher

profesor   leraar

2 Untersuche die Wörter in Aufgabe 1 genau.

Zwei Wörter sind gleich. Schreibe sie mit ihrer Bedeutung auf.

Welche Wörter klingen so ähnlich wie in unserer Sprache?

Welche Wörter findest du besonders schwer? Schreibe sie auf.

 Welche Wörter aus anderen Sprachen kennt ihr?

Entschuldigen und bedanken

1 Male den Punkt so aus: Entschuldigung: 🔴, Dank: 🟡, Bitte: 🔵.

⚪ Es tut mir leid, dass ich nicht gekommen bin.	⚪ Ich habe mich riesig über euer Geschenk gefreut.	⚪ Es wird bestimmt nicht wieder vorkommen.
⚪ Ich bin heute früh leider zu spät aufgestanden.	⚪ Ihr habt mir genau das richtige Auto geschenkt!	⚪ Ich würde sehr gerne mitgehen.
⚪ Das war so ein toller Geburtstag!	⚪ Kann ich wieder bei euch übernachten?	⚪ Ich werde das kaputte Buch natürlich ersetzen.

2 Dieser Brief ist durcheinandergeraten.
Schreibe ihn richtig auf.

Hallo, liebe Tessa   für das Rätselspiel

Deine Freundin Luisa   mich sehr darüber gefreut

es gemeinsam spielen

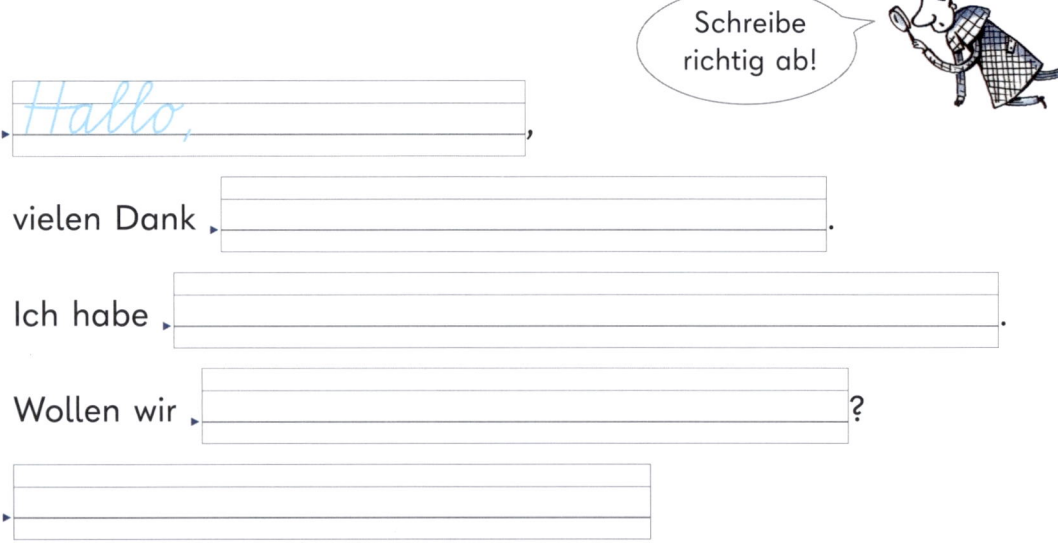

Schreibe richtig ab!

▸ *Hallo,* _____ ,

vielen Dank ▸ _____ .

Ich habe ▸ _____ .

Wollen wir ▸ _____ ?

▸ _____

🔍 Überlege, wofür du dich heute bedanken könntest.

© 2022 Cornelsen Verlag GmbH, Berlin
Alle Rechte vorbehalten.

BIST DU FIT?

▫ **1** Ordne die Wörter nach dem Abc.

nehmen   zählen   fahren   bezahlen   wohnen

☐   ☐   ☐   *1*   ☐

▸ _____

▸ _____

⚀ **2** Setze in jeder Spalte die richtigen Wörter ein.

unser • unsere   Wir sind neulich umgezogen. Das ist ▸ ☐

Haus. ▸ ☐ Familie ist groß.

ihr • ihre   Nebenan wohnt Familie Müller. ▸ ☐ Garten ist

klein. Mir gefallen ▸ ☐ Blumen.

euer • eure   Wir machen eine Einzugsparty. Bringt ▸ ☐

Kinder mit. Können wir ▸ ☐ Geschirr ausleihen?

⚁ **3** Pia möchte sich bei Tim entschuldigen.
Ordne die Bausteine und schreibe eine Entschuldigung auf.

Ich bringe es morgen mit.   Es tut mir leid.   Deine Pia

Ich habe leider dein Buch vergessen.

▸ *Lieber Tim,*

▸ _____

▸ _____

▸ _____

Mit Medien leben

Unsere Schulbibliothek

1 Lies die Sprechblasen genau.
Finde ein passendes zusammengesetztes Substantiv/Nomen.

In mir stehen viele leckere Rezepte.

Für mich brauchst du Buntstifte.

In mir wohnen Rotkäppchen und Frau Holle.

Ich ordne alles nach dem Abc.

2 Bilde aus den Wörtern zusammengesetzte Substantive/Nomen
mit **Buch**. Schreibe sie mit Artikel auf.

Seite • Rücken • Umschlag • Laden

die Buchseite

Erkläre das Wort **Lexikon**.

SF S. 108

Klein und groß

1 Lies den Text.

Riese Balthasar wohnt in einem gewaltigen Haus, an einem tiefen Bach. Er hat nur ein großes Auge. Zu Mittag verspeist er eine dicke Wurst. Angst hat er nur vor dem tapferen Schneider.

2 Bilde zu den farbigen Wörtern aus Aufgabe 1 die Verkleinerungsform. Benutze für rote Wörter **-chen**, für grüne Wörter **-lein**.

das Haus – das Häuschen,

der Bach –

3 Was gibt es noch im Zwergenhaus? Schreibe die Wörter in einer Verkleinerungsform in die Lücken.

Teller • Becher • Löffel • Messer • Bett

Tellerchen

Was könnte es in der Zwergenschule geben?

Wir üben richtig schreiben M

1 Wie klingt **V** in den Wörtern? Verbinde.

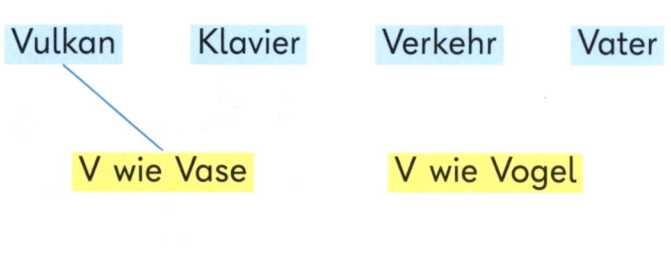

Vulkan   Klavier   Verkehr   Vater

V wie Vase   V wie Vogel

versuchen   Lava   Verb   viele

V kann wie F oder wie W gesprochen werden.

2 Ordne die Wörter aus Aufgabe 1 richtig zu.

V wie Vase (4): *Vulkan*

V wie Vogel (4):

3 Schreibe die Wörter in alle Kästchen mit derselben Farbe.

vom		*vom*			
viel					
vor	*vom*				
vier			*vom*		
von					
voll					
vorn					

Erkläre, warum die Wörter **Vulkan** und **Lava** zusammengehören.

SF S. 109

Wir üben richtig schreiben

1 Schreibe unter jedes Bild zwei passende Adjektive.

groß • heiß • kalt • braun • süß • weiß

▸ *braun*   ▸ *kalt*   ▸

▸   ▸   ▸

2 Schreibe zu jedem Bild aus Aufgabe 1 einen Satz.

▸ *Der   ist   und*

▸

▸

3 Wie heißt es, wenn es *gestern* war? Bilde die richtige Verbform.

 Schneewittchen **isst** vom vergifteten Apfel.

„Ich ▸ ⃞ vom vergifteten Apfel."

saß

aß

 Das kleine Geißlein **sitzt** im Uhrenkasten.

„Ich ▸ ⃞ im Uhrenkasten."

Welche großen Tiere kennst du?

Eine Bücherreise

1 Stelle dein Lieblingsbuch vor. Auf jeder Insel gibt es eine Aufgabe zu lösen.

Mein Buch heißt:

Geschrieben hat es:

Das ist meine Lieblingsfigur:

So sieht sie aus:

Mein Lieblingssatz:

Meine Vorlesestelle ist auf Seite _____

Das Buch solltest du lesen, weil

Wer hat eine tolle Bücherreise gemacht?
Stellt sie im Klassenzimmer aus.

SF S. 113

1 Bilde Zusammensetzungen.
Schreibe sie mit dem Artikel auf.

Tier

Wörter

Bilder

Märchen

2 Ordne nach dem Abc.

Vogel   Fuß   Straße   Klavier   groß   heißen

| | *1* | | | | |

► *Fuß,*

3 Setze die Verben an der richtigen Stelle ein.

behalten   verhalten   beschreiben   verschreiben   bekommen   entkommen

sich im Kino still ►

ein Geheimnis für sich ►

halten

ein Bild ►

schreiben

sich im Heft ►

seinen Feinden ►

kommen

ein Geschenk ►

Unheimliches und Spannendes

Gespensternamen

1 Trenne die zusammengesetzten Substantive/Nomen.

Die Klasse 2 sammelt gemeinsam viele Namen für Gespenster.
Paula findet das Wort: Kellergespenst
Max entdeckt das Wort: Burgkellergespenst
Lisa baut sogar das Wort: Wasserburgkellergespenst

Keller | Gespenst

Wie viele Wörter haben die Kinder zusammengesetzt?

☐ Max   ☐ Lisa   ☐ Paula

2 Baue auch Gespensternamen und schreibe sie auf.

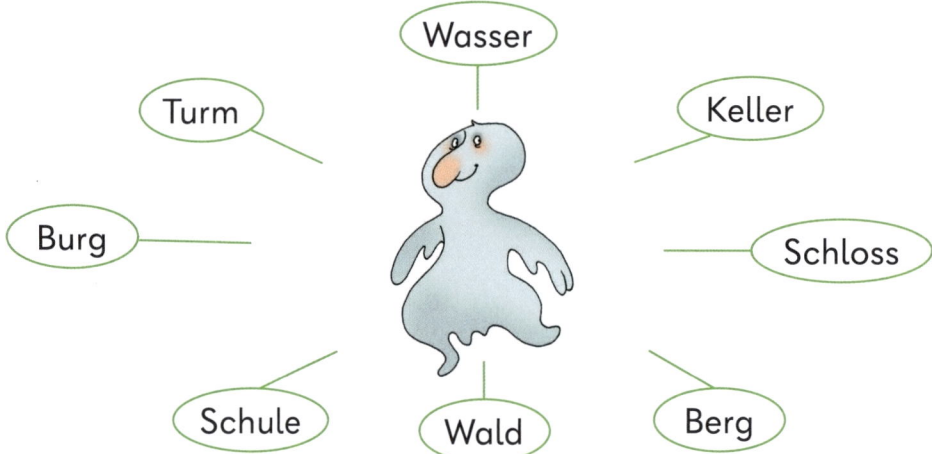

Schulgespenst.

3 Kannst du ein Gespenst mit 3 Wörtern bauen?

🎩 Sucht gemeinsam weitere lustige Gespensternamen.

SF S. 116

Etwas über Gespenster schreiben

1 Mia hat eine Gespenstergeschichte geschrieben.
Welchen Satzanfang verwendet sie oft? Unterstreiche ihn.

Kalli war ein kleines Kellergespenst.
Eines Tages schlief er über dem Flaschenregal.
Dann wurde er von einem lauten Poltern geweckt.
Dann purzelten alle Flaschen durcheinander.
Dann schaute er herab.
Zum Glück war es nur Katze Minka.

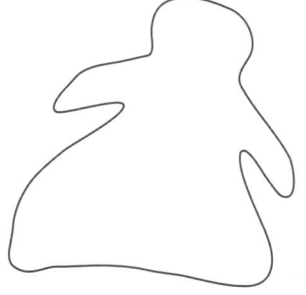

Das ist Kalli.

2 Suche bessere Satzanfänge. Schreibe den Text ab.
Denke dir eine Überschrift aus.

Auf einmal ...   Plötzlich ...   Erschrocken ...   Nun ...

Überschrift:

Kalli war ein kleines Kellergespenst.

 Macht gemeinsam eine Sammlung von Satzanfängen.

Wir üben richtig schreiben

1 Wer gehört zusammen?
Markiere die Wörter einer Wortfamilie mit gleicher Farbe.

kalt	erwärmen	Bäcker	Erkältung
backen	Kälte	Wärme	packen
warm	verpacken	erkälten	wärmen
Päckchen	Bäckerei	Gepäck	Gebäck

2 Schreibe aus Aufgabe 1 drei Wörter zum richtigen Bild auf.

packen, Päckchen,

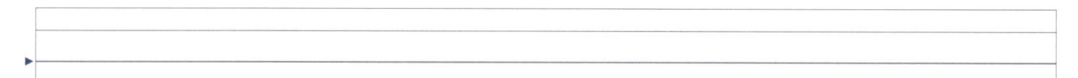

3 Setze **ä** oder **e** richtig ein. Kontrolliere mit dem Wörterbuch.
Schreibe dann die drei Wörter mit **ä** auf.

Mama d____ckt den Tisch. Papa tr____gt die Teller.

Tim l____ckt an seinem Eis. Tina f____hrt mit dem Bus.

Die Katze schl____ft.

Denke
an die Regel!

Welches Tier mit **ä** hat sich hier versteckt?

© 2022 Cornelsen Verlag GmbH, Berlin
Alle Rechte vorbehalten.

Wir üben richtig schreiben M

1 Schreibe die Wörter geordnet auf.

PFLANZE • PFLEGEN • OBST • HERBST
PFLÜCKEN • UMPFLANZEN

Substantive/Nomen (3)

Verben (3)

2 Trage die zusammengesetzten Substantive/Nomen ein.
Male alle Mitlaute aus.

Schnitte

					s						

Herbst

						l			

3 Was darf das kleine Gespenst schon alles **selbst** tun?

flattern • geistern • spuken • heulen

Spuki darf selbst flattern, selbst

 Was könnte Spuki noch alles machen?

Wir üben richtig schreiben M

1 Setze die Silben passend zusammen.

sprin	len	*springen*
stel	len	
spa	gen	
spie	ren	

2 Suche Substantive/Nomen mit **Sp/St**.
Schreibe sie geordnet auf.

S	P	O	R	T	A	L	S	T	A	N	G	E	Q
X	Y	S	P	A	Z	I	E	R	G	A	N	G	W
S	T	I	F	T	C	V	S	T	R	A	U	C	H

Sp
(2 Wörter)

St
(3 Wörter)

3 Setze passende Verben aus Aufgabe 1 in der richtigen Personalform ein.

Wir [_____] zusammen Fußball.

Ich [_____] über den Graben.

Du [_____] dich an die Tafel.

Er [_____] für ein neues Tablet.

Welche Tiere mit St oder Sp am Wortanfang kennt ihr?

SF S. 125

BIST DU FIT?

1 Setze die folgenden Wörter in den Text ein.

Stunde • steht • stößt • stellen • spiele • springt

In der Sportstunde

Alle Kinder _____ sich in einer Reihe an.

Die Lehrerin _____ vor der Klasse.

In dieser _____ dürfen die Kinder vieles ausprobieren.

Mia _____ über den neuen Kasten.

Lukas _____ den Medizinball ganz weit.

Tom ruft: „Ich _____ Fußball!"

2 Begründe die Schreibung. Finde ein verwandtes Wort mit **a**.
Schreibe es daneben.

der B[ä]cker – _____

der Tr[ä]ger – _____

die Z[ä]hne – _____

die Bl[ä]tter – _____

3 Immer ein Wort passt nicht in die Reihe. Streiche es durch.

ernten • pflanzen • pflegen • pflügen

schlagen • tragen • gehen • sagen

Rätsel • Nägel • Säge • Wege

| 1 | ☺ ☺ ☹ | 2 | ☺ ☺ ☹ | 3 | ☺ ☺ ☹ |

Im Sommer

Eine Postkarte schreiben

1 Rahme die Teile der Postkarte so ein: Anrede [   ], Text [   ],
Adresse [   ], Gruß und Name [   ].

Lieber Opa,

Thomas Bauer
Gartenweg 15
01765 Blumbach

hier ist es toll.
Ich habe mich schon
prima erholt. Mein
bester Freund heißt
Timo. Wir spielen oft
Fußball zusammen.

Viele Grüße,
dein Oskar

2 Schreibe die Teile aus Aufgabe 1 richtig auf die Karte.

Lieber Opa,

Worüber könnte Oskar noch erzählen?

SF S. 128

Wortfelder

1 Unterstreiche die Verben blau, die zu **laufen** passen.
Unterstreiche die Verben grün, die zu **sagen** passen.

rennen • schleichen • rufen • flüstern
bummeln • reden • schreien • eilen

2 Ordne die Wörter aus Aufgabe 1 in die richtige Spalte ein.

laufen   sagen

rennen   rufen

3 Setze passende Wörter in die Lücken ein.

schleicht • schreit • flüstert • rennt

Pia ▸_____ Papa ein Geheimnis ins Ohr.

Das Baby ▸_____ laut im Bettchen.

Paul ▸_____ schnell zur Schule.

Katze Minka ▸_____ leise durchs Gras.

Achte auf
die richtige
Personalform!

🎩 Findet weitere Wörter zu diesen Wortfeldern.

Sommerwörter

1 Die Klasse 2 sammelt Sommerwörter. Ordne diese Wörter richtig dazu.

Sonnenschirme • Würstchen • Vögel zwitschern • Sonnenmilch

Wir sehen:
Schmetterlinge,

▸ _____

Wir riechen:
Blütenduft,

▸ _____

Wir hören:
Wasser spritzen,

▸ _____

Wir schmecken:
Schokoeis,

▸ _____

2 Suche dir Wörter für dein Gedicht aus.

Sommer

Sommer riecht nach ▸ _____ .

Sommer schmeckt nach ▸ _____ .

Sommer hört sich an wie ▸ _____ .

Sommer sieht nach ▸ _____ aus.

Sommer ist ▸ _____ .

Schreibt eure Gedichte auf ein Schmuckblatt und malt dazu.

SF S. 129

Wir üben richtig schreiben

1 Bilde zusammengesetzte Substantive/Nomen.

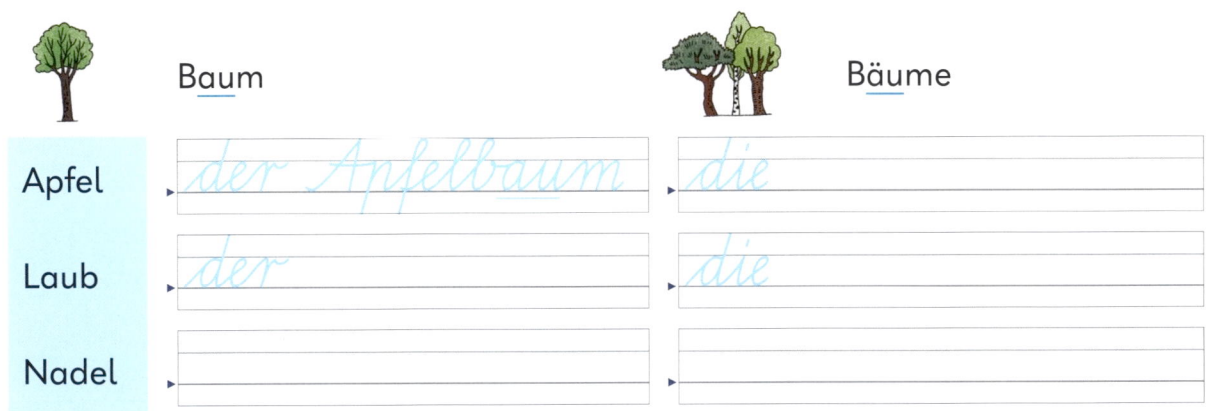

	Baum	Bäume
Apfel	*der Apfelbaum*	*die*
Laub	*der*	*die*
Nadel		

2 Immer zwei Wörter gehören zusammen. Schreibe sie nebeneinander.

die Bäume • die Träume • der Zaun • der Baum
laufen • der Traum • der Läufer • die Zäune

der Baum – die Bäume

3 **äu** oder **eu**? Setze richtig in die Lücken ein.

die L⬚se, der R⬚ber,

das F⬚er, der K⬚fer

die H⬚ser, die L⬚te

Wenn es
ein verwandtes Wort
mit **au** gibt, schreibt man **äu**.
Sonst heißt es **eu**.

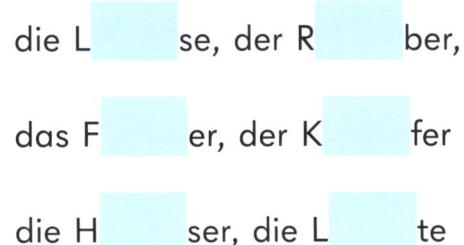 Finde Tiere mit **au** oder **äu**.

Wir üben richtig schreiben M

1 Trage die richtigen Wochentage in die Lücken ein.

Tag davor	Wochentag	Tag danach
Mittwoch	*Donnerstag*	*Freitag*
	Freitag	
	Dienstag	
	Montag	
	Mittwoch	

2 Löse die Rätsel. Diese Wörter helfen dir.

Februar • Dezember • Januar

Mit diesem Monat beginnt das Jahr.

In diesem Monat feiern wir Weihnachten.

Dieser Monat hat die wenigsten Tage.

In diesem Monat hast du Geburtstag:

3 Ordne diesen Monaten die richtige Monatszahl im Kalender zu.

März, Oktober, Juli, Januar, November, Februar

Denkt euch eigene Monatsrätsel aus.

SF S. 131

BIST DU FIT?

1 Setze die fehlenden Monate richtig in die Lücken.

Mai • März • Oktober • Juni • November • August

Januar • Februar • _____ • April • _____ •

_____ • Juli • _____ • September •

_____ • _____ • Dezember

2 Ordne die Sätze in der richtigen Reihenfolge.
Schreibe Ziffern in die Kästchen.

☐ hatten wir   ☐ unser Sportfest   ☐ gestern

☐ war Sieger   ☐ unsere Klasse

☐ ein Eis   ☐ Am Ende   ☐ gab es

3 Schreibe die Sätze aus Aufgabe 2 auf die Karte an Lukas.
Denke dir noch eine Anrede aus.

Lukas Schubert
Mühlenweg 3
25643 Schönau

Sprach*freunde* 2

Arbeitsheft Fördern

Erarbeitet von
Kathrin Junghänel, Susanne Kelch und Andrea Knöfler

Unter Einbeziehung der Ausgabe von
Susanne Kelch, Andrea Knöfler, Heike Schindler und Heike Wessel

Redaktion: Ute Kister

Illustrationen: Katja Wehner, Uta Bettzieche (Hund + Detektiv und Kapitelvignetten),
Barbara Schumann (S. 3 Tür, S. 4 Brotdose, S. 5 Rahmen, S. 6 Computer), Tanja Székessy (Mimi und
Mo, Tiere S. 2 unten)

Umschlaggestaltung: corngreen, Leipzig; Barbara Schumann (Illustration),
Uta Bettzieche (Hund + Detektiv)

Layout und technische Umsetzung: Heike Börner, orangerie-grafikdesign, Berlin

Quellen:
S. 41: Seidel, Heinrich: Die Schaukel (gekürzt). Aus: Ernst Bühler/Margit Lobeck (Hrsg.):
Wie schön sich zu wiegen. Stuttgart: Freies Geistesleben 1992
S. 55 (Regenwurm): Shutterstock/Clark Ukidu

www.cornelsen.de

1. Auflage, 2. Druck 2024

Alle Drucke dieser Auflage sind inhaltlich unverändert und können im Unterricht nebeneinander verwendet werden.

© 2022 Cornelsen Verlag, Berlin

Druck: Athesiadruck GmbH

ISBN 978-3-464-80303-5

PEFC-zertifiziert
Dieses Produkt
stammt aus
nachhaltig
bewirtschafteten
Wäldern und
kontrollierten Quellen
PEFC/18-31-166   www.pefc.de

Liebe Lehrerinnen und Lehrer,

die bundesweiten Vergleichsarbeiten (VERA) zur Lernstandserhebung sind in der Grundschule mittlerweile zu einem festen Bestandteil geworden. Sie werden jährlich gegen Ende der dritten Klasse durchgeführt und sollen das Erreichen der Bildungsstandards überprüfen sowie Hinweise zur Verbesserung der Lernleistungen und für die Weiterentwicklung des Unterrichts geben. Dazu gehört auch die Verbesserung der Diagnosegenauigkeit.

Sich über einen längeren Zeitraum auf Aufgaben zu konzentrieren, ist für viele Schülerinnen und Schüler ungewohnt und anstrengend. Das gilt auch für die Erfahrung, unter Zeitdruck zahlreiche, zum Teil noch unbekannte Aufgabenformate ohne Hilfsmittel bearbeiten zu müssen.

Mit den vorliegenden Lernstandserhebungen möchten wir Ihre Schülerinnen und Schüler und Sie selbst unterstützen:

- Den Schülerinnen und Schülern sollen die Lernstandserhebungen helfen, sich mit sorgfältig ausgewählten Aufgaben, wie sie auch in den Vergleichsarbeiten verwendet werden, **auf die ungewohnte Testsituation vorzubereiten**. Möglicherweise vorhandene Ängste können so abgebaut und es kann Sicherheit gegenüber der zukünftigen Testsituation gewonnen werden.

- Bei Ihrer **täglichen förderdiagnostischen Arbeit** sollen die Lernstandserhebungen Sie unterstützen und dabei helfen, aktuelle Lernstände und vorhandene Kompetenzen Ihrer Schülerinnen und Schüler in den verschiedenen inhaltlichen Bereichen einzuschätzen und den individuellen förderdiagnostischen Bedarf zu ermitteln.

Die Aufgaben sind an den KMK Bildungsstandards sowie den Lehr- und Bildungsplänen der Bundesländer orientiert und fokussieren die dort beschriebenen Lernziele und zu erreichenden Kompetenzen.

Im **Auswertungsbogen** werden neben den **Aufgabenlösungen** das jeweilige **Niveau** der Aufgabe sowie die jeweils fokussierten **Fähigkeiten, Fertigkeiten und Kenntnisse** beschrieben, die zur Aufgabenbewältigung im Wesentlichen benötigt werden.

In Anlehnung an die drei in den KMK Bildungsstandards angeführten Anforderungsbereiche „Wiedergeben", „Zusammenhänge herstellen" sowie „Reflektieren und beurteilen" (vgl. Bildungsstandards im Fach Deutsch für den Primarbereich, Beschluss vom 15.10.2004, S.17) und die VERA-Fähigkeitsniveaus 1–3 (vgl. VERA, Hinweise zur Weiterarbeit, Erläuterungen zu den Deutschaufgaben 2009, S.2) sind den Aufgaben der vorliegenden Lernstandserhebungen drei Niveaustufen zugeordnet, die entsprechend *grundlegende, erweiterte* und *fortgeschrittene* Fähigkeiten erfordern.

Niveau 1: „Wiedergeben" → erfordert grundlegende Fähigkeiten

Das Lösen der Aufgabe erfordert die Wiedergabe bekannter Informationen und die Anwendung grundlegender Verfahren und Routinen.

Niveau 2: „Zusammenhänge herstellen" → erfordert erweiterte Fähigkeiten

Das Lösen der Aufgabe erfordert das Erkennen von Zusammenhängen, das Verknüpfen von Informationen sowie das Anwenden erworbenen Wissens und bekannter Methoden.

Niveau 3: „Verallgemeinern, reflektieren und beurteilen" → erfordert fortgeschrittene Fähigkeiten

Das Lösen der Aufgabe erfordert den Umgang auch mit neuen Sachverhalten und das Entwickeln eigenständiger Beurteilungs- und Lösungsansätze.

Der Auswertungsbogen der Lernstandserhebungen bietet darüber hinaus Platz für Ihre **Beobachtungen und Notizen** zur Einschätzung des jeweiligen Lernstandes des Kindes im Rahmen Ihrer förderdiagnostischen Arbeit.

Den Schülerinnen und Schülern ermöglicht ein einfaches Smiley-System auf den Testseiten die **Selbsteinschätzung** und schafft so eine Basis zur Reflexion des eigenen Lernstandes. Gemeinsam mit dem Kind können anschließend die Ergebnisse aus der Selbsteinschätzung und Ihre Einschätzungen aus dem Auswertungsbogen in einem förderdiagnostischen Gespräch zu einem Gesamtbild zusammengefügt und Lernziele sowie nächste Lernschritte vereinbart werden. Dabei kann es im Sinne einer dialogisch orientierten Förderdiagnostik sehr aufschlussreich sein, nach Lösungswegen und Erklärungen bei falsch gelösten Aufgaben zu fragen, um Einblicke in die Denkwege Ihrer Schülerinnen und Schüler bei der Lösung einer Aufgabe zu bekommen.

Die Lernstandsseiten erheben nicht den Anspruch, eine kontinuierliche Beobachtung und Dokumentation des Lernverlaufs sowie förderdiagnostische Maßnahmen zu ersetzen. Sie können aber einen wichtigen Beitrag zu Ihrer alltäglichen förderdiagnostischen Arbeit leisten.

Ihr Cornelsen Verlag

Erarbeitet von:	Rüdiger-Philipp Rackwitz
Redaktion:	Birgit Waberski
Illustrationen:	Gabriele Heinisch
Layout und technische Umsetzung:	Birgit Riemelt, Panketal

Liebe Schülerin, lieber Schüler,

mit diesen Aufgaben kannst du herausfinden, was du schon gut kannst und was du noch üben solltest.

Bearbeite die Aufgabenblätter so:

1. Schreibe deinen Namen und das Datum oben auf jedes Blatt.
2. Lies dir die Aufgabe in Ruhe durch.
3. Bearbeite die Aufgabe.
4. Wenn du bei einer Aufgabe nicht weiterkommst,
   mache bei der nächsten weiter und versuche es später noch einmal.
   Du kannst auch jemanden um Hilfe fragen.
5. Wenn du eine Aufgabe bearbeitet hast, kreuze an,
   wie leicht oder wie schwierig du sie findest:

   Diese Aufgabe
   ☺ kann ich gut lösen
   😐 kann ich nur zum Teil lösen
   ☹ kann ich gar nicht lösen

Es gibt verschiedene Aufgabenarten:
Bei manchen Aufgaben sollst du die richtige Antwort ankreuzen.
Beispiel: Was hängt in der Schule? Kreuze an.

     ☐ Waffel   ☒ Tafel   ☐ Tante

Meistens ist nur eine Antwort richtig. Wenn mehrere Antworten richtig sind, steht in der Aufgabe „Kreuze **alle** richtigen Antworten an."

Bei manchen Aufgaben sollst du etwas in einem Text **unterstreichen** oder ein falsches Wort **durchstreichen**.

Beispiele: <u>Wort</u>   ~~Wort~~

Bei manchen Aufgaben sollst du die Antwort **aufschreiben**.
Bei Aufgaben mit einer kurzen Schreiblinie reicht es, ein oder zwei Wörter aufzuschreiben. Bei längeren Linien solltest du einen oder mehrere Sätze schreiben.

Viel Spaß und viel Erfolg!

Wie ist mein Ergebnis?

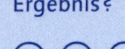

1 Schreibe das ABC vollständig auf.

> A B C D E F G H

2 Kreise alle Selbstlaute ein.

    R Z A
    T E D H
    L I K O
    S U M

3 Welches Wort ist ein Substantiv/Nomen? Kreuze an.

☐ schön ☐ fliegen ☐ Tasche ☐ regnen

4 Welches Wort ist ein Verb? Kreuze an.

☐ Haus ☐ offen ☐ hören ☐ wolkig

5 Welches Wort ist ein Adjektiv? Kreuze an.

☐ schwer ☐ liegen ☐ schreiben ☐ lachen

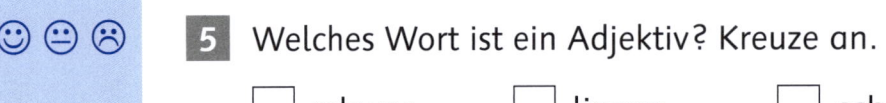

☺ kann ich gut lösen 😐 kann ich nur zum Teil lösen ☹ kann ich gar nicht lösen

Wie ist mein
Ergebnis?

6 In jedem Kasten passt ein Wort nicht zu den anderen.
Streiche das falsche Wort in jedem Kasten durch.

| gehen | stehen | rennen | spazieren | wandern | laufen |

| rufen | schreien | schreiben | flüstern | sagen | tuscheln |

| stehlen | klauen | wegnehmen | bauen | rauben | erbeuten |

7 Schreibe das passende Verb zu den Substantiven/Nomen.

der Arbeiter –

die Bremse –

der Bagger –

das Bad –

8 In der Wörter-Schlange haben sich drei Substantive/Nomen
versteckt. Kreise sie ein.

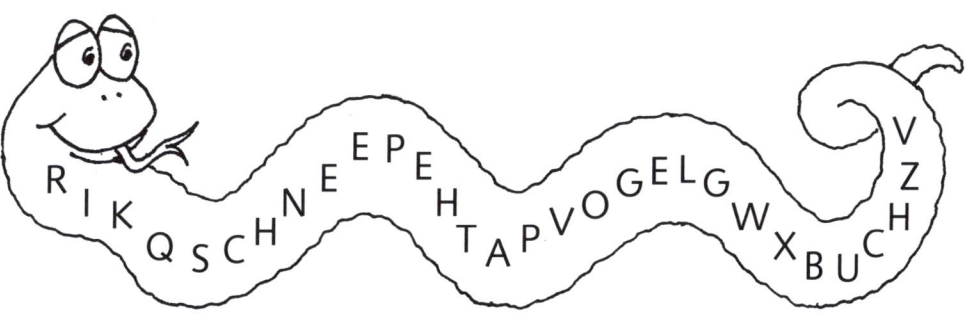

☺ kann ich gut lösen   😐 kann ich nur zum Teil lösen   ☹ kann ich gar nicht lösen

Name: Datum:

Wie ist mein Ergebnis?

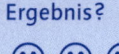 ☺ ☺ ☹

9 Schreibe das Gegenteil auf.

schwer – |_____|

gut – |_____|

links – |_____|

hell – |_____|

laut – |_____|

☺ ☺ ☹

10 Setze den richtigen Artikel ein.

|_____| Weg |_____| Bild |_____| Hose

|_____| Brücke |_____| Schiff |_____| Baum

☺ ☺ ☹

11 Setze nach jedem Satz einen Punkt.

Es ist Herbst Ein kalter Wind fegt über Wiesen und Felder Anja und Tim lassen ihre Drachen steigen Sie haben schon Handschuhe an und Mützen auf Bald fällt der erste Schnee

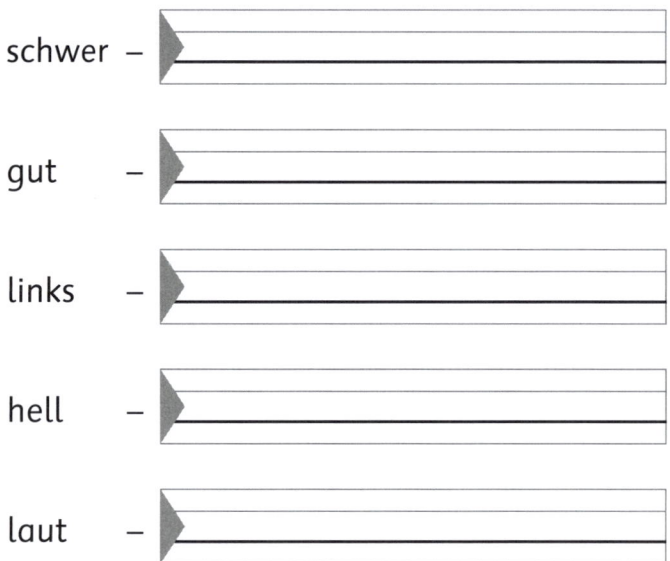

Gut gemacht! Jetzt hast du alles geschafft!

☺ kann ich gut lösen   ☺ kann ich nur zum Teil lösen   ☹ kann ich gar nicht lösen

ame: Datum:

1 Ordne die Wörter nach dem ABC und schreibe sie
in der richtigen Reihenfolge auf.

| Tiger | Ameise | Nilpferd | Zebra | Bär | Löwe | Hund | Pinguin |

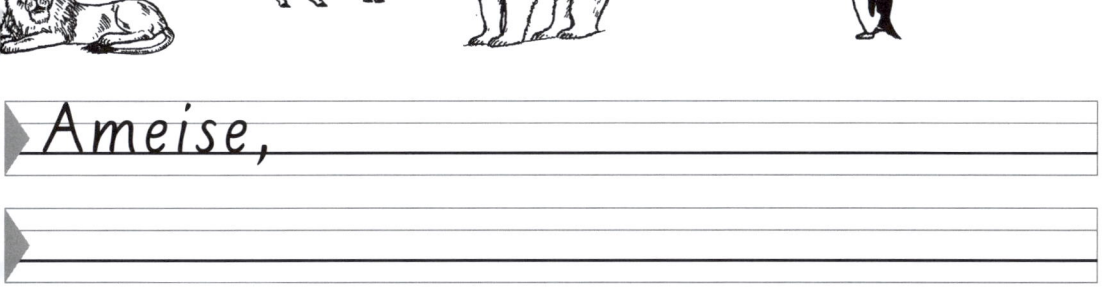

Ameise,

2 Aus welchen Wörtern sind diese Substantive/Nomen
zusammengesetzt?
Schreibe die Wörter mit ihrem Artikel auf.

das Tischbein

⟩ _____ + ⟩ _____

die Stuhllehne

⟩ _____ + ⟩ _____

das Bücherregal

⟩ _____ + ⟩ _____

das Bilderbuch

⟩ _____ + ⟩ _____

☺ kann ich gut lösen   😐 kann ich nur zum Teil lösen   ☹ kann ich gar nicht lösen

Wie ist mein
Ergebnis?

☺ ☺ ☹

3 Unterstreiche alle Verben.

Lena, Thomas und Robin spielen zusammen am Strand.
Sie bauen eine Sandburg. Lena schaufelt den Sand
zu einem Berg, Thomas formt die Mauern und Türme
und Robin sucht Muscheln für die Verzierung.

☺ ☺ ☹

4 Schreibe die Wörter mit ihrem Artikel in der Mehrzahl auf.

das Tal   – die

die Blume   –

das Haus   –

der Tisch   –

der Computer   –

☺ ☺ ☹

5 Wie schreibst du diese Wörter richtig?
Klein oder groß? Kreuze an.

	klein	groß			klein	groß
NEU	☐	☐		ROLLER	☐	☐
SONNE	☐	☐		KALT	☐	☐

☺ kann ich gut lösen   ☺ kann ich nur zum Teil lösen   ☹ kann ich gar nicht lösen

Wie ist mein
Ergebnis?

6 Welche Wörter gehören zur gleichen Wortfamilie?
Verbinde sie mit einer Linie.

träumen
■

lenken ■   ■ Lenkrad

Gelenk ■   ■ Traum

■
verträumt

7 Setze die Silbenbögen unter die Wörter.

Käse, helfen, Wiese, einkaufen,

Donnerstag, Klettergerüst, wenig

8 Suche passende Wortbausteine zu dem Verb **schreiben** und
ergänze die Sätze.

| ver- | ab | über | be- | hoch | auf | schreiben |

Der Arzt muss das Medikament _____.

Jutta will das Wort von der Tafel _____.

Max soll einen Text _____.

Der Zeuge soll den Dieb _____.

Gut gemacht! Jetzt hast du alles geschafft!

 kann ich gut lösen    kann ich nur zum Teil lösen   ☹ kann ich gar nicht lösen

Name: Datum:

Wie ist mein Ergebnis?

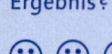

1 Welcher Oberbegriff passt? Schreibe ihn neben die Wörter.

Tiere	Fahrzeuge	Backwaren	Süßigkeiten	Getränke

das Wasser
die Limonade
der Tee

die Giraffe
das Krokodil
die Ente

die Kekse
der Kuchen
die Plätzchen

die Bonbons
der Lutscher
die Schokolade

das Auto
das Motorrad
der Bus

2 Verlängere die Wörter und setze den richtigen Buchstaben ein.

d oder t?

Lie___   Kin___   Hef___   Han___

> *Lieder*

b oder p?

Sie___   Kor___   Die___   Sta___

g oder k?

Ban___   Zu___   Schran___   Kru___

☺ kann ich gut lösen   😐 kann ich nur zum Teil lösen   ☹ kann ich gar nicht lösen

ame: Datum:

3 Bilde aus jeweils zwei Substantiven/Nomen
ein zusammengesetztes Substantiv/Nomen.
Schreibe es mit seinem Artikel auf.

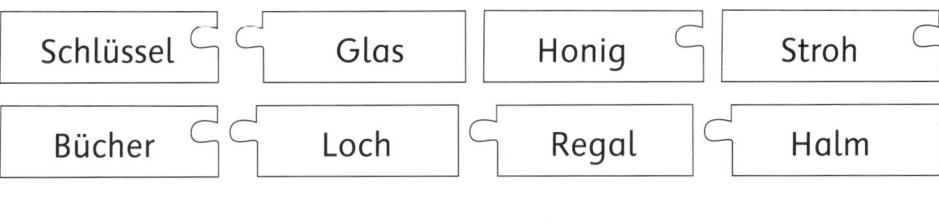

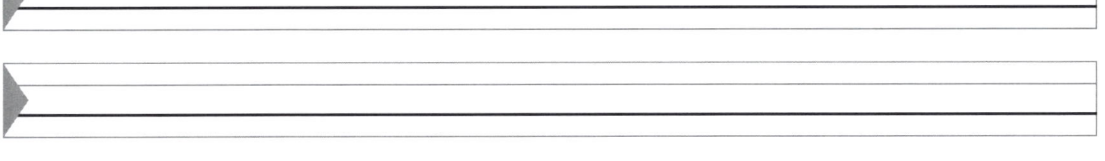

___

___

4 Setze nach jedem Satz das passende Satzschlusszeichen.   ☺ ☺ ☹

Das Essen ist fertig __   Schmeckt es dir __   Es ist sehr lecker __

5 Welches Verb steckt in den unterstrichenen Wörtern?   ☺ ☺ ☹
Schreibe es auf.

Der Fahrradfahrer fährt
mit dem Fahrrad auf der Fahrbahn.

___

Die Bäckerin bäckt
das Brot im Backofen.

___

☺ kann ich gut lösen   ☺ kann ich nur zum Teil lösen   ☹ kann ich gar nicht lösen

Name: Datum:

6 Unterstreiche alle Adjektive.

lesen	putzen	spannend	sauber	spielen
schlafen	langweilig	müde	freuen	schön

7 Verbinde die gebeugte Form (Personalform)
mit der passenden Grundform (Nennform).

du sprichst ■   ■ lesen

es klingt ■   ■ rennen

sie liest ■   ■ laufen

er läuft ■   ■ klingen

ich renne ■   ■ sprechen

8 Ergänze die Tabelle.

Verb	Substantiv/Nomen
spielen	*das Spiel*
	die Rede
kochen	
tanzen	
	der Reiter
heizen	

Gut gemacht! Jetzt hast du alles geschafft!

Auswertungsbogen Lernstandserhebungen Deutsch Sprache, Klasse 2

Name: _____   Klasse: _____

durchgeführt am _____

Lernstandserhebung 1

Aufgabe	Niveau	Fähigkeiten, Fertigkeiten und Kenntnisse	Lösungen	Beobachtungen und Notizen
1	1	• Kenntnis des Alphabets	I, J, K, L, M, N, O, P, Q, R, S, T, U, V, W, X, Y, Z	
2	1	• Selbstlaute kennen	A, E, I, O, U	
3 bis 5	1, 2	• Wortarten Substantiv/Nomen, Verb, Adjektiv kennen, bestimmen und unterscheiden	3 Substantiv/Nomen: Tasche 4 Verb: hören 5 Adjektiv: schwer	
6	2	• Bedeutungsverwandtschaft von Wörtern erkennen • Wortfelder kennenlernen	stehen schreiben bauen	
7	2	• Möglichkeiten der Wortbildung kennen • Wörter durch Ableiten bilden • Tätigkeiten (Verben) zu Konkreta (Substantiven/ Nomen) benennen	arbeiten bremsen baggern baden	
8	1	• Wörter erkennen • Wortgrenzen bestimmen	Schnee, Vogel, Buch	
9	2, 3	• Wortbedeutungen kennen und herleiten • Gegensatzpaare bilden	leicht böse, schlecht rechts dunkel leise	
10	1	• Geschlecht des Substantivs/Nomen kennen und Artikel zuordnen	der, das, die die, das, der	
11	2, 3	• Sätze als Sinneinheit erkennen und abgrenzen • Satzzeichen (Punkt) setzen • sinnvolle Sätze bilden • Großschreibung am Satzanfang kennen	Es ist Herbst. Ein kalter Wind fegt über Wiesen und Felder. Anja und Tim lassen ihre Drachen steigen. Sie haben schon Handschuhe an und Mützen auf. Bald fällt der erste Schnee.	

Niveaustufen: 1 = „wiedergeben" → erfordert grundlegende Fähigkeiten   2 = „Zusammenhänge herstellen" → erfordert erweiterte Fähigkeiten   3 = „Verallgemeinern, reflektieren und beurteilen" → erfordert fortgeschrittene Fähigkeiten

Auswertungsbogen Lernstandserhebungen Deutsch   Sprache, Klasse 2   Name: _____

Klasse: _____

durchgeführt am _____

Lernstandserhebung 2

Aufgabe	Niveau	Fähigkeiten, Fertigkeiten und Kenntnisse	Lösungen	Beobachtungen und Notizen
1	1	• Kenntnis des Alphabets • Wörter nach dem Alphabet sortieren	Bär, Hund, Löwe, Nilpferd, Pinguin, Tiger, Zebra	
2	2	• Komposita in Bestandteile zerlegen • Wortgrenzen bestimmen • Möglichkeiten der Wortbildung kennen • Wortbedeutungen analysieren • Großschreibung von Substantiven/Nomen	der Tisch + das Bein der Stuhl + die Lehne die Bücher + das Regal die Bilder + das Buch	
3	2	• Wortart Verb in Grundform (Nennform) und in gebeugter Form (Personalform) erkennen	spielen, bauen, schaufelt, formt, sucht	
4	2, 3	• Möglichkeiten und Unterschiede der Pluralbildung kennen und anwenden • Stammumlautung (a → ä, au → äu) bei Pluralbildung von Substantiven/Nomen	die Täler, die Blumen, die Häuser, die Tische, die Computer	
5	2	• Wortarten Substantiv/Nomen, Verb, Adjektiv kennen, bestimmen und unterscheiden • Groß-/Kleinschreibung herleiten	klein *(neu)*, groß *(Sonne)*, groß *(Roller)*, klein *(kalt)*	
6	2, 3	• Wortfamilien bestimmen • Stammmorphem bestimmen	lenken – Lenkrad – Gelenk träumen – Traum – verträumt	

Niveaustufen: **1** = „wiedergeben" → erfordert grundlegende Fähigkeiten   **2** = „Zusammenhänge herstellen" → erfordert erweiterte Fähigkeiten   **3** = „Verallgemeinern, reflektieren und beurteilen" → erfordert fortgeschrittene Fähigkeiten

Auswertungsbogen Lernstandserhebungen Deutsch   Sprache, Klasse 2   Name: _____   Klasse: _____

Lernstandserhebung 2 — durchgeführt am _____

Aufgabe	Niveau	Fähigkeiten, Fertigkeiten und Kenntnisse	Lösungen	Beobachtungen und Notizen
7	1	• Wörter strukturieren • Kenntnis des Begriffs Silbe	helfen, Wiese, einkaufen, Donnerstag, Klettergerüst, wenig	
8	2, 3	• aus Vorsilben und Verb sinnvolle Verben bilden • erkennen, wie die Vorsilben die Wortbedeutung verändern • passende Verben finden	verschreiben abschreiben aufschreiben, abschreiben beschreiben	

Lernstandserhebung 3 — durchgeführt am _____

Aufgabe	Niveau	Fähigkeiten, Fertigkeiten und Kenntnisse	Lösungen	Beobachtungen und Notizen
1	2, 3	• Wortfelder bestimmen • Bedeutungsbeziehungen erkennen • Oberbegriffe zuordnen	Getränke, Tiere, Backwaren, Süßigkeiten, Fahrzeuge	
2	2	• Bedeutung der Wörter erkennen • Auslautschreibung durch Verlängern ermitteln • Möglichkeiten und Unterschiede der Pluralbildung kennen und anwenden • Stammumlautung (a → ä, au → äu) bei Pluralbildung von Substantiven/Nomen	Lieder – Lied, Kinder – Kind, Hefte – Heft, Hände – Hand Siebe – Sieb, Körbe – Korb, Diebe – Dieb, Stäbe – Stab Bänke – Bank, Züge – Zug, Schränke – Schrank, Krüge – Krug	

Niveaustufen: 1 = „wiedergeben" → erfordert grundlegende Fähigkeiten   2 = „Zusammenhänge herstellen" → erfordert erweiterte Fähigkeiten   3 = „Verallgemeinern, reflektieren und beurteilen" → erfordert fortgeschrittene Fähigkeiten

Auswertungsbogen Lernstandserhebungen Deutsch Sprache, Klasse 2 Name: _____ Klasse: _____

durchgeführt am _____

Lernstandserhebung 3

Aufgabe	Niveau	Fähigkeiten, Fertigkeiten und Kenntnisse	Lösungen	Beobachtungen und Notizen
3	2, 3	• Wortbildungsprozesse kennen • Wortbedeutungen analysieren • Großschreibung von Substantiven/Nomen • bestimmter Artikel	das Schlüsselloch, das Honigglas, das Bücherregal, der Strohhalm	
4	2	• Satzarten kennen • Satzschlusszeichen setzen	Das Essen ist fertig. Schmeckt es dir? Es ist sehr lecker!	
5	2, 3	• Wortfamilien erkennen • Stammmorphem bestimmen	fahren backen	
6	2	• Adjektive erkennen • Adjektive von Verben unterscheiden	spannend, sauber langweilig, müde, schön	
7	1, 2	• Verben in der gebeugten Form (Personalform) erkennen • Grundform (Nennform) von Verben herleiten	du sprichst – sprechen, es klingt – klingen, sie liest – lesen, er läuft – laufen, ich renne - rennen	
8	2	• Möglichkeiten der Wortbildung kennen (Ableitung) • Tätigkeiten (Verben) und Geschehen (Substantive/Nomen) benennen	reden – die Rede kochen – der Koch / die Köchin tanzen – der Tanz / der Tänzer / die Tänzerin reiten – der Reiter heizen – die Heizung	

Niveaustufen: 1 = „wiedergeben" → erfordert grundlegende Fähigkeiten   2 = „Zusammenhänge herstellen" → erfordert erweiterte Fähigkeiten   3 = „Verallgemeinern, reflektieren und beurteilen" → erfordert fortgeschrittene Fähigkeiten